Häufig hat man im Alltag ein Schreiben rechtlichen Inhalts zu verfassen und ringt mit der Formulierung. Sei es, daß man den ausgefeilten Überredungskünsten eines Zeitschriftenwerbers erlegen ist, seine Krankenkasse wechseln will, nachbarlicher Baulärm jedes erträgliche Maß übersteigt, beim Finanzamt eine Frist zu verlängern ist, der Termin zur gerichtlichen Zeugenaussage nun wirklich nicht paßt, der Mieter einfach die Wohnung untervermietet oder der Vermieter die Kaution zurückhält – immer gibt es Anlaß, mit rechtlich einwandfreien Formulierungen seine Ansprüche zu wahren und sein Recht durchzusetzen.
Hier schafft dieser Band anhand von 122 Musterschreiben zu den typischen Fällen des Alltags Sicherheit, wobei jedes Schreiben – in gebotener Kürze – erläutert und auch mit Hinweisen auf die Rechtsprechung versehen ist.
Der Band wird abgerundet mit wichtigen Informationen zu Organisationen wie Verbraucherzentralen, Mietervereinen etc. und den Anwälten.

Hedwig Hanhörster ist Rechtsanwältin in Konstanz, Joachim Dospil Staatsanwalt in Mannheim. Beide Autoren haben unter anderem die elektronische Reihe RATGEBER RECHT CD-ROM realisiert.

Ratgeber Recht

Hedwig Hanhörster/
Joachim Dospil

122 Musterbriefe für den Rechtsalltag

Fischer Taschenbuch Verlag
Carl Heymanns Verlag

Ratgeber Recht / Fischer · Heymanns
Eine Buchreihe
Herausgegeben von Reimer Ochs
und Markus J. Sauerwald, Rechtsanwälte

Originalausgabe
Veröffentlicht im Fischer Taschenbuch Verlag GmbH,
Frankfurt am Main, Juli 1998

Lektorat: Markus J. Sauerwald
Satz: Fotosatz Otto Gutfreund GmbH, Darmstadt
Druck und Bindung: Clausen & Bosse, Leck
Printed in Germany
ISBN 3-596-13828-0

Inhalt

Abkürzungen

AGBG	Allgemeine Geschäftsbedingungen
AnwBl.	Anwaltsblatt
AO	Abgabenordnung
AU	Arbeitsunfähigkeitsbescheinigung
Az.	Aktenzeichen
BayObLGZ	Amtliche Sammlung Entscheidungen des Bayerischen Obersten Landesgerichts in Zivilsachen
BGB	Bürgerliches Gesetzbuch
BGHZ	Entscheidungen des Bundesgerichtshofes in Zivilsachen
BVerfGE	Entscheidungen des Bundesverfassungsgerichts
DB	Der Betrieb
DRiZ	Deutsche Richterzeitung
EStG	Einkommensteuergesetz
EzA	Entscheidungssammlung zum Arbeitsrecht
FamRZ	Zeitschrift für das gesamte Familienrecht
GewO	Gewerbeordnung
GG	Grundgesetz für die Bundesrepublik Deutschland
GRUR	Gewerblicher Rechtsschutz und Urheberrecht
GVG	Gerichtsverfassungsgesetz
HausTWG	Gesetz über den Widerruf von Haustürgeschäften und ähnlichen Geschäften
HOAI	Honorarordnung für Architekten und Ingenieure
KSchG	Kündigungsschutzgesetz
LAGE	Entscheidungen der Landesarbeitsgerichte
LMKV	Lebensmittelkennzeichnungsverordnung
MDR	Monatsschrift für deutsches Recht
MHG	Gesetz zur Regelung der Miethöhe
NJW	Neue Juristische Wochenschrift
NJW-RR	NJW-Rechtsprechungsreport Zivilrecht
NVwZ	Neue Zeitschrift für Verwaltungsrecht
NZA	Neue Zeitschrift für Arbeits- und Sozialrecht
NZS	Neue Zeitschrift für Sozialrecht

OWi	Ordnungswidrigkeit
PostG	Gesetz über das Postwesen
RE	Rechtsentscheid
SGB	Sozialgesetzbuch
StGB	Strafgesetzbuch
StVO	Straßenverkehrsordnung
TA	Technische Anleitung
UWG	Gesetz gegen den unlauteren Wettbewerb
VA	Verwaltungsakt
VDI	Verein Deutscher Ingenieure e.V.
VerbrKrG	Verbraucherkreditgesetz
VO	Verordnung
VOB	Verdingungsordnung für Bauleistungen
VwGO	Verwaltungsgerichtsordnung
VwVfG	Verwaltungsverfahrensgesetz
WEG	Wohnungseigentumsgesetz
WiStG	Wirtschaftsstrafgesetz
WM	Wohnungswirtschaft und Mietrecht
WoVermittG	Wohnungsvermittlungsgesetz
WRP	Wettbewerb in Recht und Praxis
ZMR	Zeitschrift für Miet- und Raumrecht
ZPO	Zivilprozeßordnung
ZSEG	Gesetz über die Entschädigung für Zeugen und Sachverständige

I. Einführung

Ob nach dem Kauf von Gegenständen des täglichen Bedarfs, in Mietangelegenheiten, bei Arbeitsrechtsstreitigkeiten, bei Unzulänglichkeiten einer Pauschalreise usw., zu **Beschwerden** oder **Reklamationen** gibt es weit mehr Anlaß, als uns lieb ist. Vielfach ist man in solchen Angelegenheiten **zum Handeln gezwungen**. Dabei stellt das »gewußt wie« meist ein großes Problem dar. Hier schafft dieses Buch mit 122 Musterbriefen zu den typischen und häufigen Problemfällen des Alltags nachhaltige Abhilfe.

Kein **Musterschreiben** steht isoliert, sondern wird – **in gebotener Kürze** – anhand der Rechtslage **erläutert**, wobei es zusätzliche Informationen zur aktuellen Rechtsprechung ermöglichen, die **Ansprüche** kompetent **mit Rechtsprechungsnachweisen** zu **wahren** und **durchzusetzen**.

II. Musterschreiben richtig eingesetzt

1. Paßt das Muster auch in meinem »Spezial«-Fall?

In diesem Buch finden Sie eine **Vielzahl** von **Musterbriefen**, die auf **viele verschiedene Situationen** zugeschnitten sind. Dabei können natürlich nie alle Eventualitäten des Einzelfalls berücksichtigt werden. Die Muster werden deshalb manchmal gut, manchmal weniger gut und wahrscheinlich auch manchmal überhaupt nicht auf den ganz speziellen Einzelfall, mit dem Sie es gerade zu tun haben, passen.

Beispiel

Ein Kunde, der von einem Händler schon des öfteren Waren bezogen hat und die Rechnungen des Händlers stets pünktlich bezahlt hat, wird beispielsweise energischer auf Lieferverzögerungen des Händlers reagieren können als ein Kunde, der selbst immer erst nach der zweiten Mahnung die Rechnungen des Händlers bezahlt. Gegebenenfalls wird es auch eine Rolle spielen, wie lange man schon in Geschäftsbeziehung steht und wie viele Störfälle es bereits gegeben hat.

Da die Musterschreiben diese Einzelfälle nicht alle berücksichtigen können, wird es sicher von Fall zu Fall angebracht sein, **einzelne Formulierungen zu ändern**. Auch in diesen Fällen, in denen die Muster nicht hundertprozentig passen, können sie aber **Anregungen** und **Formulierungshilfen** geben.

2. Der Brief muß auch ankommen

Das Musterschreiben kann so gut sein wie es will, es ist nutzlos, wenn es der **Empfänger** nicht **erhält** oder aber er es erhält, man diesen Erhalt (»Zugang«) aber nicht **beweisen** kann.

Zugang

Ein Schriftstück »geht zu«, wenn es **in verkehrsüblicher Weise** so **in** den **Machtbereich** des **Empfängers gelangt** ist, daß er unter normalen Umständen von ihm **Kenntnis** nehmen kann, wenn es also z.B. in den Hausbriefkasten des Empfängers eingeworfen oder diesem direkt ausgehändigt wird. Ob der Empfänger dann auch tatsächlich seinen Briefkasten leert und das Schreiben auch wirklich liest, ist seine Sache. Der Zugang eines Schreibens erfordert nicht, daß der Empfänger vom Inhalt des Schreibens Kenntnis genommen hat. **Entscheidend** ist allein, daß er die **Möglichkeit** zur **Kenntnisnahme** hatte (*Bundesgerichtshof*, Urteil vom 3.11.1976 – VIII ZR 140/75, *BGHZ* 67, 271, 275).

Nachweis des Zugangs

Im Zweifel, d.h. dann, wenn der Empfänger bestreitet, ein Schriftstück erhalten zu haben, muß der **Absender** den **Zugang** des Schreibens **beweisen.** Aus diesem Grund ist es zumindest bei wichtigen Schreiben (z.B. einer Kündigung) erforderlich, daß sich der Absender darüber Gedanken macht, wie er später den Zugang des Schreibens beweisen kann.

Praxis

Leider muß man in der Praxis immer wieder feststellen, daß Briefe wirklich verlorengehen. Oft ist es jedoch zumindest verwunderlich, daß vor allem »unangenehme« Briefe oder sog. »fristwahrende« Briefe, also Briefe, die der Absender innerhalb einer bestimmten Frist dem Empfänger zukommen lassen muß (z.B. eine Wohnraumkündigung), »verloren«gehen. Das Nachsehen hat in diesen Fällen stets der Absender.

Der **Zugang** eines **Schreibens kann** verschiedentlich **nachgewiesen** werden.

Zeuge

Eine einfache Möglichkeit, den Zugang eines Schreibens nachzuweisen, ist die, einen **Zeugen** mitzunehmen. Wenn Sie einen Zeugen haben, dem Sie Ihr Schreiben zum Lesen gegeben haben und der mit Ihnen zusammen zum Empfänger geht und sieht, wie Sie Ihr Schreiben persönlich an den Empfänger übergeben oder wie Sie das Schreiben in den Briefkasten des Empfängers werfen, haben Sie später vor Gericht gute Karten. Vorausgesetzt natürlich, Ihr Zeuge kann sich später auch noch an das Geschehen erinnern. Im Zweifel sollte er sich die Sache deshalb vielleicht sogar in seinem Kalender notieren.

Möglich ist es auch, das **Schreiben** einem **(zuverlässigen) Dritten zum Lesen** zu **geben** und diesen dann damit zu beauftragen, das **Schreiben beim Empfänger abzugeben** oder in dessen Briefkasten zu werfen. Im Gerichtsverfahren haben Sie so einen Zeugen zur Hand, der bezeugen kann, daß der Empfänger das Schreiben erhalten hat, bzw. das Schreiben in den Herrschaftsbereich des Empfängers (in dessen Briefkasten) gelangt ist.

Hinweis

Bei aller Nützlichkeit eines Zeugen sollten Sie sich allerdings nicht dazu verleiten lassen, vor Gericht einen **»falschen« Zeugen** zu präsentieren. Richter schätzen es gar nicht, belogen zu werden, und in der Regel haben Lügen »kurze Beine«. Hinzu kommt, daß Falschaussagen hart bestraft werden (Mindeststrafe für Meineid: 1 Jahr Freiheitsstrafe). Es lohnt sich also wirklich nicht.

Post

Wenn der Empfänger nicht gerade bei Ihnen um die Ecke wohnt und es deshalb etwas umständlich wäre, den Brief selbst vorbeizubringen oder einen Boten vorbeizuschicken, können Sie sich selbstverständlich auch der Post bedienen.

Da Sie bei einem einfachen Brief jedoch nicht nachweisen können, daß der Brief auch tatsächlich beim Empfänger angekommen ist, ist es erforderlich, daß Sie den Brief **per Einschreiben mit Rückschein** befördern. Die Beförderung **per Einschreiben** allein ist nicht ausreichend, weil Sie in diesem Fall nur nachweisen könnten, den Brief zur Post gebracht zu haben, nicht aber, daß der Empfänger den Brief auch tatsächlich erhalten hat. Diesen Nachweis können Sie nur führen, wenn Sie einen **Rückschein** in Händen halten.

III. Musterbriefe mit Erläuterungen

Die folgenden Musterschreiben sind alphabetisch nach dem entsprechenden Themengebiet geordnet.

1. Abonnements

Widerruf

Oftmals werden von »Drücker-Kolonnen« Zeitungen, Zeitschriften und sogar ganze Buchreihen an der Haustüre angeboten, und oftmals sind solche »Drücker« leider auch erfolgreich und überreden den Kunden zu einem Abonnement. In der Regel bereuen die so geworbenen Neuabonnenten aber kurze Zeit später wieder (in einem lichten Moment), einen solchen Vertrag abgeschlossen zu haben.

Will man sich aus dem **Abonnement** alsbald **lösen,** so ist folgendes zu beachten: Ein an der **Haustür** oder **im Wohnzimmer** abgeschlossener **Abonnement-Vertrag** wird erst wirksam, wenn der Kunde ihn nicht innerhalb einer **Frist von einer Woche** widerruft, § 1 Abs. 1 Haustürwiderrufsgesetz (HausTWG). Die **Frist beginnt** allerdings erst, wenn der Kunde durch eine deutlich gestaltete **schriftliche Belehrung** auf dieses **Widerrufsrecht hingewiesen** wurde und er diese Belehrung gesondert unterschrieben hat. Deshalb muß man bei solchen Verträgen auch in der Regel immer zweimal unterschreiben.

Zur **Einhaltung** der **Frist** genügt es, wenn das Widerrufsschreiben **rechtzeitig abgesendet** wurde, §2 HausTWG. Es ist also nicht erforderlich, daß das Schreiben innerhalb der Wochenfrist beim Zeitungsverlag angekommen ist; es genügt das rechtzeitige Absenden. Auch hier ist es aber hilfreich, einen Zeugen zur Hand zu haben, der im Zweifelsfall bestätigen kann, daß man das Schreiben rechtzeitig zur Post gebracht hat.

Muster 1 Widerruf eines Zeitschriftabonnements

...

Widerruf meines Abonnements

Sehr geehrte Damen und Herren,

am .... habe ich bei mir zu Hause einen Vertrag unterschrieben, in welchem ich mich verpflichtet habe, die von Ihnen herausgegebene Zeitschrift .... zu abonnieren.

Ich mache hiermit von meinem Widerrufsrecht gem. §1 HausTWG Gebrauch und widerrufe hiermit ausdrücklich meine Erklärung, Ihre Zeitschrift abonnieren zu wollen.
Den Widerruf habe ich rechtzeitig abgesandt.

Mit freundlichen Grüßen

....
Ort, Datum und Unterschrift

Kündigung

Einen **Abonnement-Vertrag** kann man auch **kündigen**. Meistens enthalten die Verträge aber **unliebsame Klauseln**, nach denen beispielsweise eine Kündigung erstmals nach Ablauf einer gewissen Mindestvertragslaufzeit (z.B. nach ein oder zwei Jahren) möglich ist und darüber hinaus auch noch Kündigungsfristen einzuhalten sind. Regelmäßig ist auch eine Regelung vorhanden, nach der sich solche Verträge automatisch um ein weiteres Jahr verlängern, wenn sie nicht rechtzeitig gekündigt worden sind.

Zulässige Klauseln

Das Gesetz zur Regelung des Rechts der Allgemeinen Geschäftsbedingungen (AGBG) hat dem Klauselwerk der Zeitungs- und Zeitschriftenvertreiber jedoch insoweit einen Riegel vorgeschoben, als § 11 Nr. 12 AGBG regelt, daß die **Mindestvertragslaufzeit** bei sog. Dauerschuldverhältnissen **maximal zwei Jahre** betragen darf, eine **stillschweigende Vertragsverlängerung** um jeweils **höchstens ein weiteres Jahr** erlaubt ist und die Kündigungsfrist nicht länger als drei Monate sein darf. Sieht der Ihnen vorliegende Abonnementvertrag ungünstigere Klauseln vor, so sind diese unwirksam.

Muster 2 Kündigung eines Zeitschriftabonnements

...

Kündigung meines Abonnementvertrages
Meine Kundennummer: ....

Sehr geehrte Damen und Herren,

hiermit kündige ich zum .... bzw. zum nächstmöglichen Termin meinen Abonnementvertrag der Zeitschrift ....

Bitte bestätigen Sie mir kurz meine Kündigung.

Mit freundlichen Grüßen

....
Ort, Datum und Unterschrift

2. Arbeitsrecht

Abmahnung

Verstößt ein **Arbeitnehmer** gegen seine **Vertragspflichten**, so kann ein Arbeitgeber seinem Arbeitnehmer in der Regel nicht gleich fristlos kündigen.

Muster 3 Abmahnung wegen unentschuldigten Fehlens

...

Abmahnung

Sehr geehrte/r Herr/Frau ....,

leider mußten wir feststellen, daß Sie am .... und am......... unentschuldigt gefehlt haben.

Wir sind nicht bereit, ein solches Verhalten hinzunehmen, und fordern Sie deshalb auf, in Zukunft Ihre Verpflichtungen aus dem Arbeitsvertrag genau einzuhalten. Sollten Sie nochmals unentschuldigt fehlen, müssen Sie mit einer Kündigung Ihres Arbeitsverhältnisses rechnen.
Eine Durchschrift dieser Abmahnung wird zu Ihren Personalakten genommen.

Mit freundlichen Grüßen

....

Ort, Datum und Unterschrift

Muster 4 Abmahnung wegen verspäteter Vorlage der AU-Bescheinigung

...

Abmahnung

Sehr geehrte/r Herr/Frau ....,

am .... haben Sie Ihre Arbeitsunfähigkeitsbescheinigung verspätet vorgelegt.

Wir sind nicht bereit, ein solches Verhalten hinzunehmen, und fordern Sie deshalb auf, in Zukunft Ihre Verpflichtungen aus dem Arbeitsvertrag genau einzuhalten. Sollten Sie nochmals verspätet Ihre Arbeitsunfähigkeitsbescheinigung vorlegen, müssen Sie mit einer Kündigung Ihres Arbeitsverhältnisses rechnen.

Eine Durchschrift dieser Abmahnung wird zu Ihren Personalakten genommen.

Mit freundlichen Grüßen

....

Ort, Datum und Unterschrift

Da die Kündigung des Arbeitsverhältnisses als Reaktion auf Vertragsverstöße des Arbeitnehmers nach der Rechtsprechung das letzte, äußerste Mittel des Arbeitsrechts ist (*Bundesarbeitsgericht*, Urteil vom 10.11.1988–2 AZR 215/88, EzA §611 Nr. 18), ist der Arbeitgeber regelmäßig verpflichtet, **vor Ausspruch** einer **Kündigung** das **arbeitsvertrags-**

widrige Verhalten des Arbeitnehmers **abzumahnen** (*Bundesarbeitsgericht*, Urteil vom 17. 2. 1994–2 AZR 616/93, NJW 1994, S. 2783). Durch die Abmahnung soll auf den Arbeitnehmer dahin eingewirkt werden, sein arbeitsvertragswidriges Verhalten künftig zu unterlassen. Verschließt sich der Arbeitnehmer dieser Aufforderung, und wiederholt er das bereits abgemahnte Verhalten, so kann der Arbeitgeber nunmehr dem Arbeitnehmer kündigen.

Eine **Abmahnung** ist aber **nur** dann **wirksam**, wenn sie das **vertragswidrige Verhalten** des Arbeitnehmers **konkret bezeichnet**, dieses Verhalten als Verletzung der arbeitsvertraglichen Pflichten rügt und dem Arbeitnehmer eindeutig die Kündigung des Arbeitsverhältnisses für den Fall der Wiederholung in Aussicht stellt. Eine **schriftliche Abmahnung** muß darüber hinaus **aus sich selbst** heraus **verständlich** sein. Ein Rückgriff auf mündliche Erörterungen mit dem betroffenen Arbeitnehmer ist unzulässig.

▸ Beschwerde gegen unzulässige Abmahnung

Ist eine **Abmahnung zu Unrecht** erklärt worden, so **sollte man sich** als Arbeitnehmer dagegen **wehren.** Dabei hat der Arbeitnehmer das Recht, der Personalakte eine Erklärung beizufügen. Er kann insbesondere **zu Abmahnungen Stellung** nehmen und Gegendarstellungen zu Vorgängen, die der Arbeitgeber in die Personalakte eingebracht hat, abgeben.

▸ Klage gegen eine Abmahnung

Sollte der **Arbeitgeber** auf eine Bitte des Arbeitnehmers um **Entfernung** einer **ungerechtfertigten Abmahnung** aus der Personalakte **nicht reagieren,** so kann der Arbeitnehmer **Klage** gegen den Arbeitgeber auf Entfernung der Abmahnung aus

Muster 5 Beschwerde gegen Abmahnung

...

Gegendarstellung zu Ihrer Abmahnung vom ....

Sehr geehrte Damen und Herren,

Sie haben mir am .... schriftlich/mündlich/ telefonisch eine Abmahnung übermittelt.
Mit dieser Abmahnung bin ich nicht einverstanden, weil ich sie für unberechtigt halte.
Der zugrundeliegende Sachverhalt stellt sich entgegen Ihrer Darstellung vielmehr wie folgt dar

....

....

Diese Umstände habe ich bereits Herrn/Frau .... am .... glaubhaft versichert.

Ich bitte Sie, diese Gegendarstellung in meine Personalakte aufzunehmen. Gleichzeitig beantrage ich, Ihre nicht gerechtfertigte Abmahnung vom .... aus der Personalakte zu entfernen.
Nach der Entfernung der Abmahnung kann auch meine Gegendarstellung wieder aus der Akte entfernt werden.

Mit freundlichen Grüßen

....

Ort, Datum und Unterschrift

Muster 6 Klage gegen eine Abmahnung

...

An das Arbeitsgericht...

Klage

Hiermit erhebe ich, ...
(Name, Anschrift),
- Kläger/in –

Klage auf Rücknahme einer Abmahnung und Entfernung der Abmahnung aus der Personalakte

gegen

die Firma ....
(Name, Anschrift)
- Beklagte/r-

und beantrage, für Recht zu erkennen:

1. Die/Der Beklagte wird verurteilt, die der/dem Kläger/in gegenüber ausgesprochene Abmahnung vom... zurückzunehmen und den entsprechenden Vermerk bzw. den entsprechenden Durchschlag aus der Personalakte zu entfernen.
2. Die/Der Beklagte/r trägt die Kosten des Rechtsstreits.

Begründung

Ich bin seit .... bei der/dem Beklagten als .... beschäftigt.

Beweis: Arbeitsvertrag vom ....
(Anlage 1)

Ich verdiene durchschnittlich monatlich .... DM (netto/brutto).

Am .... mahnte mich die/der Beklagte schriftlich/mündlich ab.

Beweis: Abmahnung vom ....
(Anlage 2)
Zeugnis der/des ....

Zur Begründung führte die/der Beklagte aus:

....

Ich bestreite, daß sich die Vorfälle so abgespielt haben. Der Sachverhalt stellt sich vielmehr wie folgt dar:

....

Beweis: ....

Die Abmahnung enthält somit unrichtige Tatsachenbehauptungen. Selbst wenn sich der Sachverhalt aber so zugetragen haben sollte, wie die/der Beklagte dies vermutet, wäre eine Abmahnung mir gegenüber nicht verhältnismäßig und deshalb nicht gerechtfertigt.
Ein Anspruch auf Rücknahme und Entfernung aus der Personalakte besteht, weil die Abmahnung mich in meiner Rechtsstellung und meinem beruflichen Fortkommen beeinträchtigen kann.
Ich bitte daher, wie beantragt zu entscheiden.

....
Datum und Unterschrift

der Personalakte erheben. Hierbei ist zu **beachten**, daß im arbeitsgerichtlichen Verfahren der **ersten Instanz** grundsätzlich **keine Erstattung der Anwaltskosten** durch den Verlierer des Prozesses erfolgt (im Gegensatz zur ordentlichen Zivilgerichtsbarkeit). Das bedeutet, daß in der ersten Instanz beim Arbeitsgericht jede Partei die ihr entstandenen Anwaltsgebühren selbst zu tragen hat, gleichgültig ob sie gewinnt oder verliert. Die Gerichtskosten hingegen bezahlt die Partei, die den Prozeß verliert (wie in der Zivilgerichtsbarkeit: »wer verliert, zahlt«).

Kündigung

▸ Ordentliche Kündigung

Eine **ordentliche Kündigung** liegt vor, wenn ein auf unbestimmte Dauer eingegangenes **Arbeitsverhältnis** vom Arbeitnehmer oder vom Arbeitgeber **unter Einhaltung der gesetzlichen oder vertraglich vereinbarten Kündigungsfristen beendet wird.**

Kündigungsgrund

Sind in dem Betrieb des Arbeitgebers in der Regel **10 oder weniger Arbeitnehmer ausschließlich Auszubildende** beschäftigt, so muß der Arbeitgeber **keinen Kündigungsgrund** nennen.

Sind in dem Betrieb jedoch **über 10 Arbeitnehmer** beschäftigt und arbeitet der Betroffene schon **länger als 6 Monate ununterbrochen** in dem Betrieb, so ist das **Kündigungsschutzgesetz** anzuwenden, §§ 1, 23 KSchG. Danach ist eine Kündigung nur wirksam, wenn sie **sozial gerechtfertigt ist.**

Eine Kündigung ist gem. § 1 KSchG nur dann sozial gerechtfertigt, wenn

– betriebsbedingte
– verhaltensbedingte oder
– personenbedingte

Kündigungsgründe vorliegen.

Beispiele

Betriebsbedingte Gründe liegen z. B. bei Rationalisierungsmaßnahmen, beim Umstellen oder Einstellen einer Produktion vor (*Bundesarbeitsgericht,* Urteil vom 7.12.1978–2 AZR 155/77, EzA § 1 KSchG Betriebsbedingte Kündigung Nr. 10).

Verhaltensbedingte Gründe liegen vor bei vertragswidrigem Verhalten des Arbeitnehmers, wie Alkoholmißbrauch bei der Arbeit (*Bundesarbeitsgericht,* Urteil vom 26.1.1995–2 AZR 649/94, EzA § 1 KSchG Verhaltensbedingte Kündigung Nr. 46), beharrliche Arbeitsverweigerung (*Landesarbeitsgericht Düsseldorf,* BB 1967, S. 922) oder Beleidigungen.

Personenbedingte Gründe sind gegeben, wenn der Arbeitnehmer die Fähigkeit oder Eignung nicht (mehr) besitzt, die geschuldete Arbeitsleistung ganz oder teilweise zu erbringen, z.B. fehlende Arbeitserlaubnis (*Bundesarbeitsgericht,* Urteil vom 7.2.1990–2 AZR 359/89, EzA § 1 KSchG Personenbedingte Kündigung Nr. 8), Strafhaft (*Bundesarbeitsgericht,* Urteil vom 22.9.1994–2 AZR 719/93, EzA § 1 KSchG Personenbedingte Kündigung Nr. 10).

Kündigungsfrist

Der Arbeitgeber und der Arbeitnehmer haben bei einer ordentlichen Kündigung die **Kündigungsfristen zu beachten**, dabei können folgende Fristen bestehen:

– gesetzliche Kündigungsfristen, § 622 BGB
– tarifliche Kündigungsfristen und
– einzelvertragliche Kündigungsfristen.

Die **gesetzlichen Kündigungsfristen** betragen sowohl für die durch den Arbeitgeber als auch für die durch den Arbeitnehmer erklärte Kündigung

- während der Probezeit, längstens für 6 Monate: 2 Wochen
- nach der Probezeit bis zur Vollendung des 2. Dienstjahres: 4 Wochen zum 15. oder zum Monatsende.

Auch bei einer längeren **Beschäftigungszeit von über 2 Jahren** kann der Arbeitnehmer zum 15. oder zum Monatsende mit einer Frist von 4 Wochen sein Arbeitsverhältnis kündigen. Für den Arbeitgeber verlängert sich die Kündigungsfrist mit zunehmenden Beschäftigungsjahren wie folgt:

- nach 2 Beschäftigungsjahren: 1 Monat zum Monatsende,
- nach 5 Beschäftigungsjahren: 2 Monate zum Monatsende,
- nach 8 Beschäftigungsjahren: 3 Monate zum Monatsende,
- nach 10 Beschäftigungsjahren: 4 Monate zum Monatsende,
- nach 12 Beschäftigungsjahren: 5 Monate zum Monatsende,
- nach 15 Beschäftigungsjahren: 6 Monate zum Monatsende,
- nach 20 Beschäftigungsjahren: 7 Monate zum Monatsende.

Beschäftigungszeiten vor dem 25. Lebensjahr werden bei der Berechnung der verlängerten Kündigungsfristen **nicht berücksichtigt**. In **Betrieben mit bis zu 20 Arbeitnehmern** kann die vierwöchige **Grundkündigungsfrist ohne festen Termin vereinbart** werden. Bei **Aushilfen** ist für die ersten drei Monate der Beschäftigung auch eine **Abkürzung der Kündigungsfrist** durch Arbeitsvertrag **zulässig.**

Muster 7 Ordentliche Kündigung

...

Kündigung

Sehr geehrte(r) Frau/Herr ....,

hiermit kündigen wir das mit Ihnen seit dem .... bestehende Arbeitsverhältnis ordentlich zum ....

Die Kündigungsgründe sind Ihnen bekannt./ Die Kündigung erfolgt aus folgenden Gründen: ....
....

Der Betriebsrat hat der Kündigung zugestimmt.

Hochachtungsvoll

....
Ort, Datum und Unterschrift
des Arbeitgebers

Wird der Kündigungstermin versäumt, so wird im Zweifel die Kündigung zum nächstzulässigen Termin rechtswirksam.

▸ Außerordentliche Kündigung

Mit der **außerordentlichen Kündigung** wird das **Arbeitsverhältnis sofort beendet.** Wegen dieses einschneidenden Eingriffs in ein bestehendes Vertragsverhältnis bedarf die außerordentliche Kündigung **eines wichtigen Grundes,** § 626 BGB.

Beispiele

Als wichtige Gründe sind in der Rechtsprechung z.B. anerkannt worden:

- **Beharrliche Weigerung** des Arbeitnehmers, seine vertraglichen Verpflichtungen zu erfüllen (*Bundesarbeitsgericht*, Urteil vom 17.3.1988–2 AZR 576/87, NJW 1989, S. 546)
- **Bedrohungen** gegenüber dem Arbeitgeber oder Vorgesetzten sowie gegenüber Arbeitskollegen (*Landesarbeitsgericht Frankfurt*, Urteil vom 31.10.1986–13 Sa 63/85, LAGE Nr. 27 zu § 626 BGB)
- **Sittliche Verfehlungen**, wie etwa die sexuelle Zudringlichkeit eines Ausbilders (*Bundesarbeitsgericht*, Urteil vom 9.1.1986–2 ABR 24/85, DB 1986, S. 1339)
- **Androhung krank zu werden**, wenn der Arbeitgeber unberechtigte Forderungen nicht erfüllt (*Bundesarbeitsgericht*, Urteil vom 5.11.1992–2 AZR 147/92, BB 1993, S. 434)
- **»Blau-Machen«**: Wer eine Krankheit nur vortäuscht oder sich eine Arbeitsunfähigkeitsbescheinigung erschleicht, kann in der Regel außerordentlich gekündigt werden (*Bundesarbeitsgericht*, DB 1993, S. 2534; *Landesarbeitsgericht Frankfurt*, Urteil vom 27.6.1991–12 Sa 693/89, NZA 1992, S. 458).
- **Straftaten zu Lasten des Arbeitgebers**, Diebstahl, Unterschlagung, Betrug sind, soweit weitere Verstöße zu befürchten sind, geeignet, eine außerordentliche Kündigung zu rechtfertigen (*Bundesarbeitsgericht*, Urteil vom 2.4.1987–2 AZR 204/86)

Hinweis

Zu beachten ist, daß die außerordentliche Kündigung nur innerhalb einer **Frist von zwei Wochen** ausgesprochen werden kann, nachdem der Kündigungsberechtigte von den für die Kündigung maß-

Muster 8 Außerordentliche Kündigung

> ...
> **Kündigung**
>
> Sehr geehrte(r) Frau/Herr ....
>
> hiermit kündigen wir das mit Ihnen seit dem .... bestehende Arbeitsverhältnis fristlos, hilfsweise ordentlich zum ....
>
> Die Kündigungsgründe sind Ihnen bekannt./ Die Kündigung erfolgt aus folgenden Gründen: ....
> ....
> (die Gründe müssen nur auf Verlangen des Arbeitnehmers mitgeteilt werden).
> Der Betriebsrat hat sowohl der außerordentlichen als auch der hilfsweise ausgesprochenen ordentlichen Kündigung zugestimmt.
>
> Hochachtungsvoll
>
> ....
> Ort, Datum und Unterschrift des Arbeitgebers

gebenden Tatsachen Kenntnis erlangt hat, § 626 Abs. 2 BGB. Zudem empfiehlt es sich, gleichzeitig mit der außerordentlichen auch eine ordentliche Kündigung auszusprechen, da die Rechtsprechung hinsichtlich der Anerkennung von außerordentlichen Kündigungen sehr zurückhaltend ist.

▶ Einspruch beim Betriebsrat nach Kündigung, § 3 KSchG

Ist einem Arbeitnehmer gekündigt worden und ist das **Kündigungsschutzgesetz anwendbar** (wenn in der Regel mehr als 10 Arbeitnehmer im Betrieb

Muster 9 Einspruch beim Betriebsrat

> ...
>
> An den Betriebsrat ....
>
> Sehr geehrte Damen und Herren,
>
> in der Anlage übersende ich Ihnen das Kündigungsschreiben vom ...., mit dem mir zum ..../ mit sofortiger Wirkung gekündigt wurde. Als Kündigungsgrund wurde angegeben:
>
> ....,
>
> Ein solcher Kündigungsgrund liegt nicht vor.
>
> Der dem Kündigungsschreiben zugrundeliegende Sachverhalt stellt sich entgegen der Darstellung vielmehr wie folgt dar:
>
> ....
>
> Ich bin mit der Kündigung nicht einverstanden und beschwere mich deshalb gemäß § 3 Kündigungsschutzgesetz mit der Bitte um Stellungnahme und Herbeiführung einer Verständigung mit dem Arbeitgeber.
>
> Mit freundlichen Grüßen
>
> ....
>
> Ort, Datum und Unterschrift
> des Arbeitnehmers

beschäftigt sind und der Betroffene länger als 6 Monate ununterbrochen in dem Betrieb gearbeitet hat), so kann er **innerhalb einer Woche** nach Zugang der Kündigung beim Betriebsrat **Einspruch** einlegen, § 3 KSchG.

Der Einspruch hat zur Folge, daß der Betriebsrat eine Stellung bezüglich der Kündigung abgeben muß. Erachtet der Betriebsrat den Einspruch für begründet, so hat er zu versuchen, eine Verständigung mit dem Arbeitgeber herbeizuführen.

▸ Kündigungsschutzklage

Die vom Arbeitgeber ausgesprochene **Kündigung wird mit ihrem Zugang beim Arbeitnehmer rechtswirksam.** Will der gekündigte Arbeitnehmer die Kündigung nicht hinnehmen, muß er bei dem für ihn **zuständigen Arbeitsgericht** eine Kündigungsschutzklage erheben. Falls die Kündigung nicht gerechtfertigt ist, stellt das Arbeitsgericht fest, daß das Arbeitsverhältnis fortbesteht.

Findet das **Kündigungsschutzgesetz Anwendung**, so kann der Arbeitnehmer die Kündigungsschutzklage gemäß § 4 KSchG nur **innerhalb der Ausschlußfrist von drei Wochen nach Zugang der Kündigung erheben.**

Muster 10 Kündigungsschutzklage

...

An das Arbeitsgericht ....

Hiermit erhebe ich, ...

- Kläger/in –

Kündigungsschutzklage

gegen

....
(Arbeitgeber)

- Beklagte/r-

und beantrage, für Recht zu erkennen:

1. Es wird festgestellt, daß das Arbeitsverhältnis zwischen den Parteien durch die Kündigung vom .... nicht aufgelöst wurde.
2. Die/Der Beklagte/r wird verurteilt, den/die Kläger/in über den Kündigungstermin (Datum: ....) hinaus zu unveränderten Arbeitsbedingungen weiterzubeschäftigen.
3. Die/Der Beklagte/r trägt die Kosten des Rechtsstreits.

Begründung

Ich bin ..... Jahre alt, verheiratet und habe ..... unterhaltsberechtigte Kinder.
Ich arbeite seit dem .... als .... (Beruf) bei der/dem Beklagten.

Beweis: Arbeitsvertrag vom .... (Anlage 1)

Ich verdiene durchschnittlich im Monat .... DM (netto/brutto).

Bei der/dem Beklagten sind regelmäßig mehr als 10 Arbeitnehmer ausschließlich der Auszubildenden beschäftigt, so daß das Kündigungsschutzgesetz Anwendung findet.

Mit Schreiben vom ...., das ich am .... erhalten habe, hat mir der/die Beklagte mein Arbeitsverhältnis zum .... gekündigt.

Beweis: Kündigung vom..................
(Anlage 2)

Zur Begründung hat der/die Beklagte ausgeführt:

....

Ich bin der Auffassung, daß die Kündigung nicht sozial gerechtfertigt ist. Insbesondere liegen aus meiner Sicht weder verhaltensbedingte, noch personenbedingte oder betriebsbedingte Gründe vor.

Der Weiterbeschäftigungsanspruch folgt aus der Unwirksamkeit der Kündigung. Meine Arbeitsleistung biete ich hiermit der/dem Beklagten/m nochmals ausdrücklich an.

....

Datum und Unterschrift des Arbeitnehmers

Arbeitszeugnis

Gemäß § 630 BGB hat jeder Arbeitnehmer bei der Beendigung seines Arbeitsverhältnisses einen **Anspruch auf Erteilung eines schriftlichen Zeugnisses** über die Art des Beschäftigungsverhältnisses und dessen Dauer. **Auf Verlangen** ist der Arbeitgeber verpflichtet, ein **qualifiziertes Zeugnis** auszustellen. Qualifiziert ist ein Zeugnis, wenn es Bemerkungen über die Leistung und Führung des Arbeitnehmers enthält. Zu beachten ist, daß der Arbeitnehmer **keinen Anspruch auf Zusendung des Zeugnisses** hat, sondern es beim Arbeitgeber abholen muß (*Bundesarbeitsgericht*, MDR 1995, S. 825).

Muster 11 Zeugniserstellung

...
Arbeitszeugnis

Sehr geehrte Damen und Herren,

ich war vom .... bis .... bei Ihnen als .... (Berufsbezeichnung) beschäftigt. Bitte erteilen Sie mir diesbezüglich bis zum .... (Frist) ein wohlwollendes und qualifiziertes Arbeitszeugnis.

Mit freundlichen Grüßen

....
Ort, Datum und Unterschrift

Betriebliche Sicherheit

Ein Unternehmer ist nach § 120a GewO verpflichtet, die Arbeitsräume, Betriebsvorrichtungen, Maschinen und Gerätschaften so einzurichten, zu unterhalten und den Betrieb so zu regeln, daß die **Arbeitnehmer gegen Gefahren für Leben und Gesundheit** insoweit **geschützt sind**, wie es die Natur des Betriebes gestattet.

Verstößt ein Arbeitgeber gegen dieses Gebot der betrieblichen Sicherheit, so besteht die **Möglichkeit,** eine **Beschwerde beim Gewerbeaufsichtsamt einzureichen.** Ein Verstoß gegen das Gebot der betrieblichen Sicherheit liegt z.B. vor, wenn nicht für genügend Licht, ausreichenden

Luftraum und Luftwechsel gesorgt ist und dadurch eine konkrete Gefährdung der Arbeitnehmer eintritt. Ein Verstoß liegt auch vor, wenn

Muster 12 Verstoß gegen die betriebliche Sicherheit

...
An das Gewerbeaufsichtsamt...............

Verstoß gegen das Gebot der betrieblichen Sicherheit

Sehr geehrte Damen und Herren,

ich bin bei der Firma.........................
in .... beschäftigt.
Bezüglich des Gebotes der betrieblichen Sicherheit nach § 120a GewO möchte ich Ihnen folgenden Sachverhalt unterbreiten:
.... (Darstellung des Verstoßes)

Meiner Meinung nach handelt es sich hier um einen erheblichen Verstoß gegen das Gebot der betrieblichen Sicherheit. Der zuständige Vorarbeiter/Werkschutzmitarbeiter/Arbeitgeber wurde auf diesen Mißstand schon mehrfach erfolglos hingewiesen. Ich bitte Sie daher, zum Schutze der betrieblichen Sicherheit, die erforderlichen Maßnahmen gemäß § 120 d GewO zu ergreifen.

Mit freundlichen Grüßen

....
Ort, Datum und Unterschrift

Vorrichtungen zum Schutz der Arbeitnehmer gegen gefährliche Berührungen mit Maschinen oder Maschinenteile fehlen.

Lohn

Die **Hauptpflicht des Arbeitgebers** besteht gegenüber seinem Arbeitnehmer darin, diesem eine **Vergütung für die geschuldete Arbeit zu zahlen.**

Kommt der Arbeitgeber seiner Zahlungspflicht nicht nach, so sollte der Arbeitnehmer den Arbeitgeber anmahnen. Mit einem solchen **Mahnschreiben** gerät der Arbeitgeber mit seiner Lohnzahlung in Verzug. Dies hat zur Folge, daß mit dem Verzugseintritt der Arbeitgeber Verzugszinsen von mindestens 4 % gem. §§ 286, 288 BGB zu zahlen hat.

Muster 13 Mahnschreiben zur Lohnzahlung

...

Mahnung

Sehr geehrte Damen und Herren,

ich bin bei Ihnen als .... beschäftigt. In dem Arbeitsvertrag vom .... wurde eine monatliche Vergütung in Höhe von .... DM brutto vereinbart. Der Lohn sollte jeweils zum 15. eines jeden Monats gezahlt werden. Diesbezüglich haben Sie mir in der Vergangenheit auch immer einen Netto-Betrag in Höhe von .... DM auf mein Girokonto überwiesen. Obwohl das Arbeitsverhältnis fortbesteht, habe ich von Ihnen seit über einem Monat kein Gehalt mehr erhalten. Ich fordere Sie daher auf, bis zum .... den mir zustehenden Nettolohn in Höhe von .... DM auf mein Girokonto zu überweisen. Sollte bis zum genannten Termin keine Zahlung auf meinem Konto eingegangen sein, werde ich Klage erheben.

Mit freundlichen Grüßen

....
Ort, Datum und Unterschrift

▸ Klage auf Lohnzahlung

Sollte der Arbeitgeber dem Mahnschreiben auf Zahlung des Arbeitslohnes nicht nachkommen, so besteht für den Arbeitnehmer die Möglichkeit, den Lohn einzuklagen.

Muster 14 Klage auf Lohnzahlung

...

An das Arbeitsgericht.......................

Hiermit erhebe ich,........................,

- Kläger/in –

Lohnzahlungsklage

gegen
die Firma....................................

- Beklagte/r-

und beantrage, für Recht zu erkennen:

1. Die/Der Beklagte wird verurteilt, an die/den Kläger/in .... DM brutto nebst 4 % Zinsen aus dem entsprechenden Nettobetrag seit .... zu bezahlen.

2. Die/Der Beklagte/r trägt die Kosten des Rechtsstreits.

Begründung

Ich arbeite seit dem .... als .... bei der/m Beklagten. In dem Arbeitsvertrag vom .... habe ich mit der/m Beklagten eine monatliche / wöchentliche / tägliche / Stunden – Vergütung von .... DM (brutto) vereinbart.

Beweis: Arbeitsvertrag vom .... (Anlage)

Ich arbeite bei der/dem Beklagten monatlich/wöchentlich/täglich/stündlich von .... bis .... Uhr.

Für den Monat/die Monate .... hat die/der Beklagte keinen Lohn bezahlt.

Aus der Lohnabrechnung/dem Arbeitsvertrag ergibt sich, daß mir für diese/n Monat/e insgesamt ein Betrag von .... DM zusteht.

Beweis: Lohnabrechnungen/Arbeitsvertrag vom.......... (Anlage)

Den ausstehenden Lohn habe ich am .... mündlich/schriftlich ergebnislos angemahnt. Die/der Beklagte hat bis zum heutigen Tag keinerlei Zahlungen geleistet.

Der Zinsanspruch ergibt sich aus § 286 BGB, da sich die/der Beklagte seit dem .... in Verzug befindet.

....
Ort, Datum und Unterschrift

3. Arzt und Krankheit

Kündigung eines Arzttermins

Kann oder will man einen Termin beim Arzt nicht wahrnehmen, so ist es ratsam, diesen Termin frühzeitig vorher zu kündigen. Der Patient hat das **Recht, den Arzttermin zu kündigen** (*Amtsgericht Calw*, NJW 1994, S. 3014). Die Kündigung muß **jedoch frühzeitig** erfolgen. Kündigt der Patient dem Arzt erst am Morgen des entsprechenden Behandlungstages oder überhaupt nicht, so setzt er sich dem **Risiko** aus, eine **Rechnung wegen »ver-**

Muster 15 Absagen eines Arzttermins

...

An die Arztpraxis..........

Mein Termin am..........

Sehr geehrte(r) Frau/Herr..................,

hiermit teile ich Ihnen mit, daß ich den mit Ihnen vereinbarten Behandlungstermin nicht wahrnehmen kann. Ich bitte Sie, dies insoweit zu notieren/und mit mir einen neuen Termin zu vereinbaren.

Mit freundlichen Grüßen

....

Ort, Datum und Unterschrift

taner Arbeitszeit« zu erhalten (*Landgericht Konstanz*, Urteil vom 27.5.1994–1 S 237/93, NJW 1994, S. 3015).

▸ Beschwerde bei der Ärztekammer

Neben der allgemeinen Behandlungspflicht bestehen **für einen Arzt zahlreiche Nebenpflichten.** Zu den Nebenpflichten gehören z.B.:

Muster 16 Beschwerde bei der Ärztekammer

...

An die Ärztekammer.......................

Beschwerde

Sehr geehrte Damen und Herren,

ich war vom .... bis .... in der Behandlung von Frau/Herrn ...., ... (Anschrift Arztpraxis). Während meiner Behandlung hat sich folgender Sachverhalt zugetragen:

....

(Genaue Darstellung der Pflichtverletzung des Arztes)

Hiermit möchte ich mich bei Ihnen über Frau/Herrn .... beschweren. Ich bitte Sie, gegen das Handeln von Frau/Herrn geeignete Maßnahmen zu ergreifen.

Mit freundlichen Grüßen

....

Ort, Datum und Unterschrift

- Aufklärungspflicht bezüglich typischer Gefahren einer Behandlung
- Pflicht zur Aufklärung über konkrete Behandlungsalternativen
- Pflicht zur Führung von Krankenunterlagen (BGHZ 85, 342)
- Pflicht zur ordnungsgemäßen Abrechnung nach der Gebührenordnung
- Ärztliche Schweigepflicht (§ 203 StGB)
- Pflicht zur Hilfeleistung

Anschrift

Kommt der behandelnde **Arzt** seiner **Behandlungspflicht oder seinen Nebenpflichten nicht nach**, kann sich der Patient bei der **örtlichen Ärztekammer** oder der **Bundesärztekammer** (Bundesärztekammer, Robert-Koch-Platz 7, 10115 Berlin) beschweren, s. Muster 16.

Beschwerde über das Pflegepersonal

Der **Träger eines Pflegeheimes** ist dafür verantwortlich, daß alle **organisatorischen Maßnahmen** im pflegerischen Bereich getroffen werden, um die **ärztliche Versorgung der Patienten sicherzustellen** (*Oberlandesgericht Stuttgart*, Urteil vom 20.8. 1992–14 U 3/92, NJW 1993, S. 2384). Kommt es zu **Pflichtverstößen** des Pflegepersonals, so ist der **Träger des Pflegeheimes** zu **informieren**, um Abhilfe zu schaffen.

Beispiele

Mögliche Pflichtverstöße sind zum Beispiel gegeben, wenn
- bei akuter Gefahr kein Arzt hinzugezogen wird,
- die Überwachungspflicht über den Zustand des Patienten verletzt wird oder
- pflegerische Kompetenzen überschritten werden.

Muster 17 Beschwerde über Pflegepersonal

...

An den Pflegeheimträger ....

Beschwerde

Sehr geehrte Damen und Herren,

seit dem .... bin ich Patient in Ihrem Pflegeheim. Während meines Aufenthalts in Ihrem Pflegeheim hat sich folgender Sachverhalt zugetragen:

....

(Genaue Darstellung der Pflichtverletzung des Pflegepersonals)

Hiermit möchte ich mich bei Ihnen über das Verhalten Ihres Pflegepersonals beschweren. Nach einer Entscheidung des Oberlandesgerichts Stuttgart vom 20.8.1992 (Az.: 14 U 3/92) sind Sie als Träger verpflichtet, alle organisatorischen Maßnahmen im pflegerischen Bereich zu treffen, damit die ärztliche Versorgung der Patienten sichergestellt ist. Ich bitte Sie daher, auf Ihr Personal einzuwirken und ausreichend Hinweise zu geben.

Mit freundlichen Grüßen

....

Ort, Datum und Unterschrift

Krankenkassenwechsel

▶ **Wechsel von gesetzlicher zur privaten Krankenversicherung**

Erhält ein Mitglied einer gesetzlichen Krankenversicherung eine Gehaltserhöhung, so daß die **Bemessungsgrenze** von derzeit **73.800,– DM** (**West**) bzw. **63.900,– DM (Ost) überschritten** wird,

Muster 18 Kündigung der gesetzlichen Krankenversicherung

...

An die Krankenversicherung...............

Kündigung

Sehr geehrte Damen und Herren,

ich bin bei Ihnen unter der Versicherungsnummer .... krankenversichert. Am ....habe ich von meinem Arbeitgeber eine Gehaltserhöhung erhalten, seit dem verdiene ich......... brutto. Dieses Gehalt liegt über der Beitragsbemessungsgrenze von derzeit......... DM. Aufgrund dieser Gehaltserhöhung mache ich von meinem Wahlrecht Gebrauch und wechsel zum Jahresende in eine private Krankenversicherung über. Daher kündige ich Ihnen hiermit zum 31.12.19.... mein Versicherungsverhältnis.

Mit freundlichen Grüßen

....

Ort, Datum und Unterschrift

besteht für das Versicherungsmitglied die **Möglichkeit**, in eine **private Krankenversicherung** zu wechseln. Ein solcher **Wechsel** kann jedoch nach einer Entscheidung des *Bundessozialgerichts* (AZ: 12 RK 51/96) erst **zum Jahresende** erfolgen.

▸ **Wechsel von privater zur gesetzlichen Krankenversicherung**

Ist jemand **privat krankenversichert**, so besteht **nur in Ausnahmefällen** die Möglichkeit, **in die gesetzliche Krankenversicherung überzuwechseln**. Ein solcher Fall ist z.B. gegeben, wenn ein Versicherungsmitglied **aufgrund einer Gehaltsminderung** – z.B. wegen eines Arbeitsplatzwechsels – versicherungspflichtig wird. Liegt nun das Arbeitseinkommen des Arbeitnehmers unter der Beitragsbemessungsgrenze von derzeit 73.800,– DM (West) bzw. 63.900,– DM (Ost), so kann er dem **privaten Krankenversicherungsunternehmen** mit **Wirkung vom Eintritt der Versicherungspflicht an kündigen,** § 5 Abs. 9 SGB V.

Muster 19 Kündigung der privaten Krankenversicherung

...

An die Krankenversicherung ....

Kündigung

Sehr geehrte Damen und Herren,

ich bin bei Ihnen unter der Versicherungsnummer ..... krankenversichert. Am ...... habe ich mein Arbeitsverhältnis bei der Firma .... gekündigt. Ab dem .... werde ich bei der Firma .... eine Beschäftigung mit einem Bruttoeinkommen von .... aufnehmen. Da dieses Gehalt unter der Beitragsbemessungsgrenze von derzeit... DM liegt, mache ich von meinem Kündigungsrecht nach § 5 Abs. 9 SGB V Gebrauch und kündige hiermit den mit Ihnen geschlossenen Versicherungsvertrag mit Wirkung vom Eintritt der Versicherungspflicht an.

Mit freundlichen Grüßen

....

Ort, Datum und Unterschrift

4. Bank

Bankangestellte

Banken sind **Dienstleistungsunternehmen**, insoweit braucht sich ein Kunde ein **unaufmerksames** oder **unfreundliches Verhalten** eines Bankangestellten nicht gefallen zu lassen. Diesbezügliche **Beschwerden** können entweder an den **örtlichen Bankdirektor** oder an den **Vorstand des Kreditinstitutes** gerichtet werden (s. Muster 20, S. 52).

Nichtauszahlung des Disagio

Macht ein Kreditnehmer von seinem Recht zur **Kündigung** seines **nicht subventionierten Darlehens** wirksam Gebrauch, so hat die Bank das **unverbrauchte Disagio** (Zinsvorschuß) **zu erstatten** (*Bundesgerichtshof*, Urteil vom 8.10.1996 – XI ZR 283/95, MDR 1997, S. 49).

Der Kreditnehmer sollte sich bei seinem Rückzahlungsverlangen **nicht auf die Allgemeinen Geschäftsbedingungen** (AGB) des Kreditinstituts **verweisen lassen**, die eine Rückzahlung generell ausschließen. Denn eine AGB-Klausel der Kreditbank, die bei vorzeitiger Beendigung des Darlehensvertrages einen Erstattungsanspruch hinsichtlich des Disagios generell ausschließt, ist unwirksam (*Bundesgerichtshof*, Urteil vom 29.5. 1990 – XI ZR 231/89, BGHZ 111, 287).

Muster 20 Beschwerde über Bankangestellten

...
An die.......... Bank..........

Beschwerde

Sehr geehrte Damen und Herren,

seit .... Jahren bin ich Kunde Ihrer Bank.

Am .... suchte ich Ihre Filiale in .... (Ort) auf und ließ mir von Ihrem/r Mitarbeiter/in Herrn/Frau .... 10 Euroschecks, bezogen auf mein Girokonto Nr. ...., ausstellen. Nachdem ich schon mehrere Euroschecks ausgestellt hatte, wurde in einem Geschäft entdeckt, daß meine Kontonummer auf der ec-Karte mit der Kontonummer auf den ec-Schecks nicht übereinstimmt. Der ganze Vorfall hat Aufsehen erregt und war für mich sehr peinlich. Hätte Ihr/e Mitarbeiter/in sorgfältiger gearbeitet, wäre dies nicht passiert.

Bitte weisen Sie Ihre Mitarbeiter darauf hin, bei der Scheckausgabe sorgfältiger zu sein. Die bereits von mir ausgestellten Schecks mit den Nummern .... bitte ich von meinem Konto abzubuchen. Sollte es bei der Einlösung dieser Schecks Schwierigkeiten geben, werde ich Sie schadenersatzpflichtig machen.

Darüber hinaus kündige ich Ihnen bereits jetzt an, daß ich sofort mein Konto bei

Ihnen kündigen werde, falls sich ein solcher oder ein ähnlicher Vorfall wiederholen sollte.

Mit freundlichen Grüßen

....

Ort, Datum und Unterschrift

Muster 21 Nichtauszahlung des Disagios

...

An die .... Bank ....

Auszahlung des Disagio
Darlehensvertrag Nr. ....

Sehr geehrte Damen und Herren,

am .... habe ich mit Ihnen einen Darlehensvertrag über .... DM abgeschlossen. Im Vertrag wurde eine Laufzeit von .... Jahren vereinbart.
Weiterhin wurde ein Disagio vereinbart. Nachdem ich den Darlehensvertrag vorzeitig gekündigt habe, fordere ich Sie auf, die anteilige Zinsvorauszahlung zurückzuerstatten. Ich weise Sie hiermit ausdrücklich auf das Urteil des *Bundesgerichtshofs* vom 8.10.1996 (Az.: XI ZR 283/95) hin, nach dem die Bank bei einer wirksamen Kündigung eines nicht subventionierten Darlehens das unverbrauchte Disagio zurückzuerstatten hat.
Die Rückerstattung des Disagio erwarte ich bis zum .... auf mein Konto bei .... BLZ ...., Konto-Nr. ....

Mit freundlichen Grüßen

....
Ort, Datum und Unterschrift

Verspätete Gutschrift auf Konto

Kreditinstitute müssen **Bareinzahlungen** und **Überweisungen** noch **am Tag der Einzahlung oder Überweisung** ihren Kunden **gutschreiben.** Eine erst **am darauffolgenden Tag** vorgenommene Gutschrift stellt eine **unangemessene Kundenbe-**

Muster 22 Verspätete Gutschrift auf Konto

...
An die .... Bank ....

Beschwerde wegen verspäteter Gutschrift Konto-Nr. ....

Sehr geehrte Damen und Herren,

als Kunde Ihrer Bank habe ich bei Ihnen ein Girokonto mit der Nr. .... Am .... suchte ich Ihre Filiale in .... (Ort) auf und zahlte .... DM bar auf mein Girokonto ein.

Nachdem ich meinen Kontoauszug erhielt, mußte ich feststellen, daß Sie mir den eingezahlten Betrag erst .... Tage später, nämlich am ...., gutgeschrieben haben. Diese Praxis stellt eine unangemessene Kundenbenachteiligung dar. Insoweit weise ich Sie ausdrücklich auf das Urteil des *Bundes-*

gerichtshofs (Az.: XI ZR 208/96) hin, nach dem eine Gutschrift noch am Tage des Eingangs zu erfolgen hat. Ich fordere Sie auf, den aus Ihrer verspäteten Gutschrift entstandenen Zinsschaden zu begleichen und für zukünftige Einzahlungen und Überweisungen eine taggleiche Gutschrift vorzunehmen.
Die Erledigung dieser Angelegenheit erwarte ich bis zum ....

Mit freundlichen Grüßen

....
Ort, Datum und Unterschrift

nachteiligung dar. Diese Pflicht besteht nach einer Entscheidung des *Bundesgerichtshofs* (Urteil vom 6.5.1997 – XI ZR 208/96, NJW 1997, S. 2042) nicht nur bei Bareinzahlungen, sondern auch bei Überweisungen. Nur bei der Einreichung von **Schecks** muß eine **verzögerte Gutschrift hingenommen** werden.

Freistellungsaufträge

Nach den §§ 43 ff. EStG, die durch das Zinsabschlaggesetz geändert wurden, müssen **Zinserträge versteuert** werden. Jedoch besteht ein **Freibetrag in Höhe von 6.100,– DM für Einzelpersonen** bzw. in Höhe von **12.200,– DM für Eheleute**. Um diesen Betrag in Anspruch zu nehmen, ist es erforderlich, einen **Freistellungsauftrag** bei der betreffenden Bank zu stellen. Die Banken sind nach der Entscheidung des *Bundesgerichtshofs*

(Urteil vom 15.7.1997 – XI ZR 269/96, NJW 1997, S. 2752) verpflichtet, diese **Aufträge kostenfrei** zu bearbeiten.

Dies betrifft sowohl die **Erstbeauftragung** als auch die **Abänderung der Freistellungsaufträge** und läßt sich durch die Allgemeinen Geschäftsbedingungen der Banken nicht umgehen. Sollte eine Bank dennoch Gebühren für die Bearbeitung eines Freistellungsauftrags in Rechnung gestellt haben, so besteht ein **Anspruch auf Erstattung der Kosten.**

Muster 23 Berechnung von Freistellungsaufträgen

...

An die Bank ....

Beschwerde

Sehr geehrte Damen und Herren,

ich habe bei Ihnen ein Festgeldkonto mit der Nr. ....

Am .... stellte ich bei Ihnen einen Freistellungsauftrag für die anfallenden Zinsen. Dafür haben Sie mir Kosten in Höhe von .... DM berechnet. Nach der Rechtsprechung des *Bundesgerichtshofs* (Az.: XI ZR 269/96) sind Sie verpflichtet, den Freistellungsauftrag gebührenfrei zu bearbeiten. Daher fordere ich Sie auf, bis zum .... meinem Festgeldkonto die eingezogenen Gebühren einschließlich der entgangenen Zinsen wiedergutzuschreiben.

Mit freundlichen Grüßen

....

Ort, Datum und Unterschrift

Bankgeheimnis

Das Bankgeheimnis ist gesetzlich nicht verankert. Jedoch gilt allgemein, daß eine Bank **personenbezogene Daten** über ihre Kunden **nicht ohne Grund an Dritte weitergeben** kann. In Anlehnung an § 4 Bundesdatenschutzgesetz gilt, daß die **Verarbeitung personenbezogener Daten** und deren Nutzung **nur zulässig** sind, **wenn dies durch das Bundesdatenschutzgesetz oder eine andere Rechtsvorschrift erlaubt oder angeordnet ist oder soweit der Betroffene eingewilligt hat.** Verstößt eine Bank gegen ihr Bankgeheimnis, so kann sich der Betroffene **beim Bundesbeauftragten für Datenschutz** (Riemenschneiderstr. 11, 53175 Bonn) **beschweren.**

Muster 24 Verletzung des Bankgeheimnisses

...

An den
Bundesbeauftragten
für den Datenschutz
Riemenschneiderstr. 11
53175 Bonn

Verletzung des Bankgeheimnisses

Sehr geehrte Damen und Herren,

hiermit möchte ich mich über die .... - Bank in .... beschweren. Seit dem .... bin ich Kunde dieser Bank. Aufgrund nachstehenden Sachverhaltes bin ich der Ansicht, daß die betreffende Bank gegen das Bundesdatenschutzgesetz verstoßen hat:

....

(genaue Schilderung der Datenschutzverletzung)

> *Beispiel*:
> Im Frühjahr dieses Jahres habe ich einen Kredit in Höhe von .... DM aufgenommen. Mit der Bank vereinbarte ich eine monatliche Tilgungsrate in Höhe von .... DM. Aufgrund eines Buchungsfehlers der Bank sind die Tilgungsraten bei der Bank seit dem .... nicht mehr verrechnet worden. Daraufhin hat die Bank bei dem Inkassounternehmen »Creditus« gemeldet, daß ich zahlungsunfähig sei. Durch die Weitergabe einer solchen falschen Information ist meine Kreditwürdigkeit als selbständiger Geschäftsmann erheblich beeinträchtigt worden.

Ich bitte Sie, das geschilderte Verhalten der Bank aus datenschutzrechtlichen Gesichtspunkten zu überprüfen und die geeigneten Maßnahmen einzuleiten.

Mit freundlichen Grüßen

....

Ort, Datum und Unterschrift

5. Bauen

Baulärm

Um jedem Nachbarn eine Nutzung seines Grundstückes zu ermöglichen, sind **bestimmte Lärmbeeinträchtigungen** aus dem nachbarrechtlichen

Muster 25 Beschwerde über Baulärm beim Bauherrn

...

Sehr geehrte(r) Frau/Herr .... ,

wie Sie aus unserer obigen Anschrift ersehen können, wohnen wir in unmittelbarer Nachbarschaft Ihres Bauprojektes in der ....-Straße in .... (Ort). Leider mußten wir schon mehrfach feststellen, daß nicht nur zu den üblichen Arbeitszeiten, sondern auch noch in den Abendstunden bis .... Uhr den Bauarbeiten mit erheblicher Lärmbelästigung nachgegangen wird. Diese Vorgehensweise überschreitet das für uns zumutbare Maß. Wir sind nicht bereit, eine solche Lärmbelästigung weiter hinzunehmen, und fordern Sie daher auf, zukünftig Ihre Bauarbeiten nur noch zu den üblichen Zeiten bis 18 Uhr auszuführen.

Mit freundlichen Grüßen

....

Ort, Datum und Unterschrift

Muster 26 Beschwerde über Baulärm beim Ordnungsamt

...

An das Ordnungsamt ....

Sehr geehrte Damen und Herren,

wir wohnen in unmittelbarer Nachbarschaft des Bauprojektes von Herrn / Frau / der Firma .... in der ....-Straße .... in .... (Ort). Leider mußten wir schon mehrfach feststellen, daß dort nicht nur zu den üblichen Arbeitszeiten, sondern auch noch in den Abendstunden bis ...... Uhr den Bauarbeiten mit erheblicher Lärmbelästigung nachgegangen wird. Diese Vorgehensweise überschreitet das für uns zumutbare Maß. Wir sind nicht bereit, eine solche Lärmbelästigung weiter hinzunehmen, und haben den Bauherrn schon mehrfach angehalten, seine Arbeiten nach 18 Uhr einzustellen. Da Herr/Frau/die Firma .... auf unsere Bitte nicht reagierte, bitten wir Sie, dagegen einzuschreiten.

Mit freundlichen Grüßen

....

Ort, Datum und Unterschrift

Verhältnis heraus **hinzunehmen**. Es kann deshalb keinem Nachbarn verwehrt werden, zu den üblichen Tageszeiten ein Gebäude auf seinem Grundstück zu errichten. Eine aus einem solchen Bau hervorgehende Lärmbelästigung ist jedoch dann **rechtswidrig und nicht zu dulden**, wenn sie die in § 906 BGB genannte Grenze überschreitet, d.h. **wenn sie weder unwesentlich noch ortsüblich ist.** Bei der Beurteilung der Wesentlichkeit einer Lärmbeeinträchtigung dienen die TA-Lärm und die VDI-Richtlinie 2058 als Anhaltspunkte und Orientierungshilfen.

Der **normale Lebensablauf** muß in der Weise **gewährleistet** werden, daß die Nachbarn insbesondere **abends und nachts ungehindert schlafen** können. Eine dahingehende Beschwerde kann entweder direkt an den Bauherrn oder das Ordnungsamt gerichtet werden.

Ungenehmigtes Bauen

Fast alle baulichen Maßnahmen unterliegen einer **Genehmigungspflicht**. Durch das **Genehmigungsverfahren** wird gesichert, daß die Vorschriften des Baurechts eingehalten werden. Dies bedeutet, daß das Genehmigungsverfahren das Bauen nicht als solches verbietet, sondern vielmehr der **Kontrolle der Ordnungsmäßigkeit des Bauvorhabens** dient.

Baut jemand **ohne** die erforderliche **Baugenehmigung**, so ist das errichtete Bauwerk allein deshalb **rechtswidrig.** Verstößt ein solches Bauwerk auch gegen die eigentlichen Bauvorschriften, die nicht nur das Genehmigungsverfahren betreffen, so kann die Baurechtsbehörde eine **Abbruchsverfügung** erlassen. Bemerkt ein Grundstückseigentümer, daß in seiner Nachbarschaft ohne Baugenehmigung gebaut wird, und fühlt er sich dadurch gestört, so kann er sich beim zuständigen Bauamt beschweren.

Muster 27 Ungenehmigtes Bauen

...

An das Bauamt ....

Sehr geehrte Damen und Herren,

in den letzten Tagen mußten wir feststellen, daß unsere Nachbarn, die Eheleute ....
....
im hinteren Teil ihres Grundstückes ein »Gartenhaus« von mindestens 100 qm Grundfläche errichten. Als Nachbarn wären wir in einem Baugenehmigungsverfahren vorher angehört worden. Da dies nicht geschehen ist und kein Baufreigabeschein zu sehen ist, gehen wir davon aus, daß für das Gartenhaus keine Baugenehmigung vorliegt.

Durch die Errichtung des Gartenhauses fühlen wir uns in unseren Rechten beeinträchtigt, da kein Abstand zu unserem Grundstück eingehalten wird und die Rückwand des Gartenhauses direkt an die Grundstücksgrenze gebaut wird.
Gegen ein solches Verhalten möchten wir uns ausdrücklich bei Ihnen beschweren und bitten Sie, die notwendigen Maßnahmen einzuleiten.

Mit freundlichen Grüßen

....

Ort, Datum und Unterschrift

Baugenehmigung

Hat jemand zur Errichtung eines Hauses oder eines sonstigen Bauwerkes eine Baugenehmigung erhalten, so kann ein betroffener Nachbar einen **Widerspruch** bei der Baubehörde **gegen die Baugenehmigung** einlegen.

Hinweis

Zu beachten ist, daß der Widerspruch **innerhalb eines Monats nach Kenntnis von der Baugenehmigung** einzulegen ist. Hält die Behörde den **Widerspruch** für **unbegründet**, so ergeht ein **Widerspruchsbescheid**. Gegen diesen Widerspruchsbescheid kann eine **Klage** erhoben werden. In einem solchen Falle ist es jedoch **ratsam**, einen **Rechtsanwalt hinzuzuziehen**, da sonst das Risiko

Muster 28 Widerspruch gegen Baugenehmigung

...
An das Bauamt ....

Sehr geehrte Damen und Herren,

hiermit lege ich

Widerspruch

gegen die Baugenehmigung ein, die meinem Nachbarn .... am .... erteilt und mir am .... bekannt wurde.
Die Baugenehmigung ist aufzuheben, da sie rechtswidrig ist und mich in meinen Rechten verletzt.

....

....

....

(genaue Darstellung)

> *Beispiel:*
> Mit der Baugenehmigung wurde meinem Nachbarn der Bau einer Doppelgarage erlaubt. Nach den Bauplänen soll diese Garage direkt an unsere Grundstücksgrenze gebaut werden. Eine solche Genehmigung verstößt gegen die im Bebauungsplan vorgeschriebenen Grenzabstände. Danach muß ein Mindestabstand von 40 cm eingehalten werden. Mithin verstößt die Genehmigung gegen nachbarschützende Abstandsregelungen. Weiterhin wird durch die Doppelgarage unser Wohnzimmerfenster im Erdgeschoß völlig verbaut. Sollte die Garage errichtet werden, so würden wir direkt gegen eine Wand blicken. Insoweit wird mein Eigentum an dem Grundstück durch die Baugenehmigung schwer und unerträglich beeinträchtigt.

Da dieser Widerspruch nach § 80 Abs. 1 Satz 2 VwGO aufschiebende Wirkung hat, bitte ich Sie, geeignete Maßnahmen zu ergreifen, damit mein Nachbar bis zur Entscheidung über meinen Widerspruch nicht mit seinem Bauvorhaben beginnt.

Mit freundlichen Grüßen

....

Ort, Datum und Unterschrift

besteht, schon allein aus verfahrensrechtlichen Gründen in dem Rechtsstreit zu unterliegen.

Überhöhte Architektengebühr

Die HOAI (Honorarordnung für Architekten und Ingenieure) legt für die einzelnen Architekten- und Ingenieurleistungen Mindest- und Höchstsätze fest. Hat der Bauherr mit dem Architekten **keine besondere Regelung** getroffen, so muß sich der Architekt bei Rechnungslegung an die **Sätze der HOAI** halten. Nur **bei außergewöhnlichen oder ungewöhnlich lang dauernden Leistungen dürfen** die festgesetzten **Höchstsätze** durch schriftliche Vereinbarung **überschritten werden,** § 4 Abs. 3 HOAI. Weiterhin gelten nur die jeweiligen **Mindestsätze** als vereinbart, **wenn** bei Auftragserteilung **nichts schriftlich vereinbart** wurde, § 4 Abs. 4 HOAI. Hat der Architekt bei Auftragserteilung eine **besondere Vereinbarung versäumt,** wonach von den Mindesthonorarsätzen abgewichen werden soll, kann er diese für einen noch unerledigten Auftrag **nicht nachholen** (*Bundesgerichtshof*, Urteil vom 21.1.1988 – VII ZR 239/86, NJW-RR 1988, S. 725).

Anschrift

Hält ein Architekt bei seiner Rechnung die Regelungen der HOAI nicht ein, so kann sich der Auftraggeber bei der **Bundesarchitektenkammer,** Königswinterer Str. 709, 53227 Bonn (Fax: 0228/442760) beschweren.

Muster 29 Überhöhte Architektengebühr

...

An die
Bundesarchitektenkammer
Königswinterer Str. 709

53227 Bonn

Beschwerde

Sehr geehrte Damen und Herren,

hiermit möchte ich mich über den/die Architekten/in .... beschweren.

Der Beschwerde liegt folgender Sachverhalt zugrunde:

....
(genaue Sachverhaltsdarstellung)

Beispiel:

Am .... habe ich Herrn/Frau .... beauftragt, für mich einen Wintergarten zu entwerfen. Nachdem Herr/Frau .... den Wintergarten für mich entworfen hat, sandte er/sie mir eine Kostenrechnung zu. Die Kostenrechnung habe ich diesem Schreiben in Kopie beigefügt. Aus der Abrechnung können Sie ersehen, daß die von der HOAI vorgeschriebenen Sätze bei weitem überschritten wurden. Da wir bei Vertragsschluß keinerlei Regelung über die Kosten getroffen haben, gilt § 4 Abs. 4 HOAI. Danach ist Herr/Frau

.... nur befugt, die Mindestsätze in Rechnung zu stellen. Die Kostenrechnung enthält jedoch Gebührensätze, die die Höchstsätze um einiges überschreiten. Als ich mich bei Herrn/Frau .... über ihre Kostenrechnung beschwerte, teilte mir diese/r mit, daß er/sie ein besonders bekannter Architekt sei und insoweit auch mehr Geld für seine Arbeit verlangen könne.

Ich bitte Sie, gegen das Verhalten von Herrn/Frau .... die geeigneten Maßnahmen einzuleiten.

Mit freundlichen Grüßen

....
Ort, Datum und Unterschrift

Abrechnung nach VOB

Ist bei einem Bauvertrag **nichts anderes vereinbart** worden, **so gelten die BGB-Vorschriften.** Oftmals sind für den Unternehmer aber die VOB-Vorschriften (VOB = Verdingungsordnung für Bauleistungen) günstiger, so daß dieser geneigt ist, die Regelungen der VOB zugrunde zu legen. Nach den **BGB-Vorschriften verjähren** die **Gewährleistungsansprüche des Bauherrn** für Bauwerke in **5 Jahren,** § 638 Abs. 1 BGB. Nach der **VOB** hingegen verjähren die Ansprüche für Bauwerke schon in **2 Jahren,** § 13 Nr. 4 VOB/B.

Immer wieder versuchen Bauunternehmer daher, bei Rechnungsstellung gegenüber privaten

Bauherren die VOB zugrunde zu legen. Die **VOB** ist weder ein Gesetz noch Gewohnheitsrecht, vielmehr **muß** sie **in jedem Einzelfall gesondert vereinbart werden**. Die VOB/B kann nach einer Entscheidung des *Bundesgerichtshofs* gegenüber einem weder im Baugewerbe tätigen noch sonst im Baubereich bewanderten Vertragspartner nicht durch bloßen Hinweis auf ihre Geltung in den Bauwerkvertrag einbezogen werden (*Bundesgerichtshof*, Urteil vom 9.11.1989 – 7 ZR 16/89, BGHZ 109, 192). Vielmehr **muß** dem Vertragspartner die **Gelegenheit gegeben werden**, sich vor Vertragsschluß **mit dem Inhalt** der vorgesehenen Allgemeinen Vertragsbedingungen **vertraut zu machen**, damit er Rechtsfolgen und Risiken abschätzen kann. Um eine Einbeziehung der VOB/B zu erreichen, muß in einem solchen Fall dem Vertragspartner ein Exemplar der Regelung zur Verfügung gestellt werden.

Muster 30 Falsche Abrechnung nach VOB

...

An die Firma ....

Beschwerde

Sehr geehrte Damen und Herren,

am .... erhielt ich Ihre Rechnung vom .... In dieser Rechnung haben Sie sich auf die VOB bezogen. Mit der Einbeziehung der VOB bin ich nicht einverstanden. Nach einer Entscheidung des *Bundesgerichtshofs* vom 9.11.1989 (Az.: 7 ZR

16/89) kann die VOB/B gegenüber einem weder im Baugewerbe tätigen noch sonst im Baubereich bewanderten Vertragspartner nicht durch bloßen Hinweis auf ihre Geltung einbezogen werden. Vielmehr hätten Sie mich vor Vertragsschluß mit dem Inhalt der vorgesehenen Allgemeinen Vertragsbedingungen vertraut machen müssen. Nur so wäre es mir möglich gewesen, die Rechtsfolgen und Risiken abzuschätzen.

Da Sie einen solchen Hinweis unterlassen haben, gehe ich davon aus, daß allein die Regelungen des BGB unserem Vertrag zugrunde liegen und insbesondere meine Gewährleistungsansprüche erst nach 5 Jahren verjähren.

Mit freundlichen Grüßen

....
Ort, Datum und Unterschrift

6. Behörden

Förmliche Rechtsbehelfe

Gegen Verwaltungshandeln stehen dem Bürger förmliche und formlose Rechtsbehelfe zur Verfügung. Als förmliche werden hier der **Widerspruch** sowie – im Ansatz – die **Klage** beim Verwaltungsgericht behandelt.

Widerspruch gegen einen Verwaltungsakt

Der Widerspruch richtet sich **gegen den Erlaß belastender bzw. die Versagung begünstigender Verwaltungsakte**. Unter Verwaltungsakten (= VA) versteht man hoheitliche Regelungen eines Einzelfalles durch eine Verwaltungsbehörde mit unmittelbarer Außenwirkung, § 35 VwVfG.

Beispiele

Begünstigende VA:
- Baugenehmigungen
- Gewährung von Sozialhilfe

Belastende VA:
- Abrißverfügung
- Ablehnung einer Gaststättenerlaubnis

Widerspruchsverfahren

Im Widerspruchsverfahren wird der Behörde die Gelegenheit eingeräumt, ihre eigene Entscheidung zu überprüfen, bevor es zu einer gerichtlichen Überprüfung kommt. Um diese Selbstüberprüfung zu gewährleisten, ist die Durchführung des Widerspruchsverfahrens in der Regel Voraussetzung für die spätere Erhebung einer Klage. Bleibt die Behörde bei ihrer Entscheidung, wird ein Widerspruchsbescheid erlassen, der vom Bürger mit einer Klage vor dem Verwaltungsgericht angegriffen werden kann.

Frist

Der Widerspruch ist **innerhalb eines Monats nach Bekanntgabe des Verwaltungsaktes schriftlich oder zur Niederschrift bei der Behörde zu erheben, die den Verwaltungsakt erlassen hat.** Zu beachten ist auch die **Rechtsbehelfsbelehrung**, die sich auf dem Verwaltungsakt befinden muß.

Muster 31 Widerspruch gegen einen Verwaltungsakt

...

Widerspruch

Sehr geehrte Damen und Herren,

hiermit erhebe ich Widerspruch gegen Ihre Entscheidung vom ...., die mir am .... zugestellt wurde.

....

(genaue Begründung des Widerspruchs)

Beispiel:
Seit dem .... beziehe ich Hilfe zum Lebensunterhalt in Höhe von monatlich .... DM, weil ich meinen Lebensunterhalt nicht selbst finanzieren kann.
Mit dem angefochtenen Bescheid wird diese Hilfe mit der Begründung gekürzt, daß ich mit Herrn .... in nichtehelicher Lebensgemeinschaft wohnen würde und mir der Verdienst von Herrn .... deshalb angerechnet wird. Tatsächlich lebe ich jedoch weiterhin allein. Herr ...., mein Halbbru-

der, besuchte mich lediglich für zwei Wochen und hat in dieser Zeit bei mir gewohnt.
Eine Anrechnung seines Verdienstes ist daher unzulässig. In Anbetracht dieser Umstände bitte ich Sie, den Bescheid vom .... aufzuheben und die Hilfe zum Lebensunterhalt wie zuvor zu gewähren.

Mit freundlichen Grüßen

....
Ort, Datum und Unterschrift

▸ Klage

Mit der Klage greift der Bürger den (Ausgangs-) Verwaltungsakt sowie den Widerspruchsbescheid an. Die Klage ist **innerhalb eines Monats nach Zustellung des Widerspruchsbescheids beim Verwaltungsgericht schriftlich oder zu Protokoll der Geschäftsstelle zu erheben**. Beklagter ist, je nach Bundesland, die Behörde selbst oder aber der Bund, das Land oder die Körperschaft, deren Behörde den Verwaltungsakt erlassen bzw. versagt hat. Insoweit ist die **Rechtsbehelfsbelehrung** im Widerspruchsbescheid zu **beachten**, in der genau bezeichnet ist, gegen wen die Klage zu richten ist.

Formlose Rechtsbehelfe

Neben dem durch die Gerichte gewährten förmlichen Rechtsschutz gibt es auch formlose Rechtsbehelfe, die man als Betroffener **gegenüber behördlichen Maßnahmen** erheben kann. Diese

Muster 32 Klage gegen einen Verwaltungsakt

...

An das Verwaltungsgericht ....

Hiermit erhebe ich, ...,

- Kläger/in –

Klage

gegen
den .... (Bund, Land oder Behörde)

- Beklagte/r –

wegen .... (z.B. Sozialhilfe)

und beantrage, für Recht zu erkennen:

Der/die Beklagte wird verpflichtet, unter Aufhebung seines/ihres Bescheides vom .... in der Fassung des Widerspruchsbescheids vom ...., dem Kläger/der Klägerin laufende Hilfe zum Lebensunterhalt in Höhe von monatlich .... DM zu gewähren.

Begründung

....

(Genaue Begründung)

Beispiel:

Bis zum .... bekam ich vom Beklagten laufende Hilfe zum Lebensunterhalt in Höhe von .... DM. Mit Bescheid vom .... kürzte der Beklagte den Unterhalt auf monatlich ....DM. Zur Begründung führte er aus, ich würde mit Herrn .... in nichtehelicher Lebensgemeinschaft leben und deshalb sei sein Einkommen anzurechnen.

Dies ist jedoch unzutreffend. Herr ...., mein Halbbruder, wohnte lediglich in der Zeit vom .... bis zum .... bei mir. Eine nichteheliche Gemeinschaft zu ihm besteht nicht und bestand auch in dieser Zeit nicht, so daß eine Anrechnung seines Einkommens nicht zulässig ist. Bescheid und Widerspruchsbescheid des Beklagten sind daher rechtswidrig und aufzuheben. Gleichzeitig habe ich Anspruch auf weitere Gewährung laufender Hilfe zum Lebensunterhalt, wie er bis zum .... gewährt wurde.

....
Ort, Datum und Unterschrift

formlosen Rechtsbehelfe können **unabhängig von einer gerichtlichen Geltendmachung** eingelegt werden. Zu diesen formlosen Rechtsbehelfen zählen die **Dienstaufsichtsbeschwerde** und die **Fachaufsichtsbeschwerde.** Beide Rechtsbehelfe können in der Regel **form- und fristlos** eingelegt werden. Der sich Beschwerende hat ein **Recht darauf, daß** sein **Schreiben beantwortet wird.** Dies ergibt sich aus Art. 17 Grundgesetz. Aus der Antwort der Behörde muß sich zumindest ergeben, daß die Beschwerde zur Kenntnis genommen und welche Mittel zur Erledigung getroffen wurden (BVerfGE 2, 225).

Zu beachten ist jedoch, daß durch die formlosen Rechtsbehelfe der Dienstaufsichts- und Fachaufsichtsbeschwerde die zu beanstandende **Maßnahme der Behörde nicht aufgehoben oder aufgeschoben** wird. Um eine solche Wirkung zu erzielen, hat der Betroffene den prozessualen Weg mit seinen förmlichen Rechtsbehelfen zu beschreiten.

▶ Dienstaufsichtsbeschwerde
Eine Dienstaufsichtsbeschwerde ist von dem Betroffenen dann einzulegen, wenn er das **persönliche Verhalten eines Amtswalters rügen** möchte. Eine solche Beschwerde ist an den Dienstvorgesetzten zu adressieren.

Muster 33 Dienstaufsichtsbeschwerde

...

Dienstaufsichtsbeschwerde

Sehr geehrte Damen und Herren,

hiermit möchte ich mich über das Verhalten der/des bei Ihnen tätigen Frau/Herr .... beschweren.

Der Beschwerde liegt folgender Sachverhalt zugrunde:

....

(Es folgt eine Schilderung über das fehlerhafte Verhalten des Mitarbeiters)

Beispiel:

Am .... um 11.30 Uhr suchte ich die Kfz-Zulassungsstelle in der .... -Straße in .... (Ort) auf, um meinen Wagen abzumelden. Der/Die Sachbearbeiter/in war gerade in einem privaten Telefongespräch vertieft, bei dem es um die letzten Urlaubserlebnisse ging. Als ich nach 15 Minuten Wartezeit den/die Sachbearbeiter/in in seinem/ihrem Telefonat unterbrach und ihn/sie bat, meine Unterlagen entgegenzunehmen, meinte diese/r, daß es schon fast 12.00 Uhr sei und er/sie deshalb keine weiteren Abmeldungen bearbeiten würde. Nachdem ich den/die Sachbearbeiter/in darauf hinwies, daß es 11.45 Uhr sei und die Zulassungsstelle erst um 12.00 Uhr geschlossen werde, meinte diese/r, daß ihm/ihr das egal sei, ich könne am nächsten Werktag meinen Wagen abmelden, er/sie jedenfalls habe Besseres zu tun, als sich um meine Abmeldung zu kümmern.

Ich bitte Sie, das geschilderte Verhalten Ihres Mitarbeiters dienstaufsichtsrechtlich zu bewerten und mir eine Stellungnahme zukommen zu lassen.

Mit freundlichen Grüßen

....

Ort, Datum und Unterschrift

▸ Fachaufsichtsbeschwerde
Eine Fachaufsichtsbeschwerde ist zulässig, wenn sich ein Betroffener **über** den **Inhalt einer Entscheidung eines Amtswalters beschweren** möchte, weil er diese für rechtswidrig hält. Eine solche Beschwerde ist insbesondere dann sinnvoll, wenn die Entscheidung einer Behörde gegenüber dem Betroffenen rechtskräftig wurde, d.h. **wenn förmliche Rechtsbehelfe nicht mehr eingelegt werden können** (z.B. nach Ablauf der Widerspruchs- oder Klagefrist).

Muster 34 Fachaufsichtsbeschwerde

...

Fachaufsichtsbeschwerde

Sehr geehrte Damen und Herren,

hiermit möchte ich Ihnen folgenden Sachverhalt unterbreiten:

....

Es folgt die Darstellung einer behördlichen Entscheidung, über die man sich beschweren möchte.

> *Beispiel (Beschwerde bei der Krankenkasse)*:
> Seit meinem Autounfall vor 2 Jahren bin ich an einen Rollstuhl gebunden. Insoweit fahre ich seit einem Jahr einen Elektrorollstuhl. Für den Elektrorollstuhl habe ich einen erhöhten Stromkostenaufwand. Diesbezüglich habe ich bei

Ihrem/Ihrer Mitarbeiter/in, Herrn/Frau ...., einen Antrag eingereicht, in dem ich um die Übernahme der Stromkosten bat. Mein Antrag wurde mit Bescheid vom .... abgelehnt. Der Bescheid ist nunmehr rechtskräftig. Heute habe ich von einem Urteil des Bundessozialgerichts erfahren, in dem eine Krankenkasse zur Übernahme der Stromkosten eines Rollstuhlfahrers verpflichtet wurde (*Bundessozialgericht*, Urteil vom 6.2.1997–3 RK 13/96, NZS 1997, S. VI).

Ich bitte sie daher, die Entscheidung von Herrn/Frau .... fachaufsichtsrechtlich zu bewerten und, soweit möglich, aufzuheben.

Mit freundlichen Grüßen

....

Ort, Datum und Unterschrift

Falschauskunft

Nach § 839 BGB haftet ein **Beamter** neben dem Staat einem Dritten, wenn er diesem gegenüber vorsätzlich oder fahrlässig seine **Amtspflicht verletzt**. Hat der Beamte seine Amtspflicht weder vorsätzlich noch grob fahrlässig verletzt, so haftet ausschließlich der Staat nach Art. 34 GG.

Zu den **Amtspflichten** gehört auch die **Erteilung einer richtigen Auskunft**, d.h., eine Auskunft muß richtig, klar, unmißverständlich und vollständig erteilt werden. Diese Pflicht besteht aus dem Gedanken der hoheitsrechtlichen Fürsorge gegenüber jedem Dritten, auf dessen Antrag oder in dessen Interesse die Auskunft erteilt wurde (*Bundesgerichtshof,* Urteil vom 20.9.1954 – III ZR 369/52, BGHZ 14, 319, 321). Sollte daher ein Beamter eine **falsche Auskunft** gegeben haben, so besteht die **Möglichkeit**, sich **beim Dienstherrn darüber zu beschweren.** Im Falle eines Schadenseintritts aufgrund der Falschauskunft hat der Betroffene einen **Anspruch auf Schadensersatz.** Wenn der **Beschwerdebrief erfolglos** geblieben ist und man den Schadensersatz gerichtlich geltend machen will, ist es erforderlich, einen **Rechtsanwalt** zu beauftragen, da sich die Auseinandersetzung aufgrund der subsidiären Haftung des Beamten (§ 839 Abs. 1 Satz 2 BGB) als schwierig erweisen kann und der **Anspruch vor dem Landgericht** geltend zu machen ist (§ 71 GVG), bei dem **Anwaltszwang** besteht.

Muster 35 Falschauskunft

...

Beschwerde wegen Falschauskunft

Sehr geehrte Damen und Herren,

hiermit möchte ich mich über Herrn/Frau .... beschweren.
Herr/Frau .... ist bei Ihnen als Sachbearbeiter/in im ....amt tätig.

....
(genaue Schilderung der Falschauskunft)

Beispiel:
Im letzten Monat wurde mir das Grundstück mit der Flurstück-Nr. ...... zum Kauf angeboten. Da ich schon seit längerer Zeit ein Grundstück für unser geplantes Einfamilienhaus suche, habe ich mit meiner Frau Ihren/Ihre Mitarbeiter/in, Herrn/Frau ...., aufgesucht und fragte diese/n, ob das besagte Grundstück Bauland sei. Diese/r bejahte dies. Nachdem ich das Grundstück erwarb, mußte mein Architekt sehr bald feststellen, daß es sich dabei um einen einfachen Acker handelt, der wohl noch Jahre darauf wartet, Bauland zu werden. Aufgrund der falschen Information von Herrn/Frau .... habe ich somit ein viel zu teures Grundstück gekauft. Den entstandenen Schaden schätze ich auf .... DM.

Ich fordere Sie auf, den obigen Sachverhalt haftungsrechtlich zu bewerten und mir mitzuteilen, inwieweit der entstandene Schaden wieder ausgeglichen werden kann.

Mit freundlichen Grüßen

....
Ort, Datum und Unterschrift

7. Familienrecht

Zahlung von Kindesunterhalt

Schon **während einer Trennung** kann derjenige Elternteil, bei dem die gemeinsamen minderjährigen Kinder geblieben sind, **Kindesunterhalt** gegenüber dem anderen Ehegatten geltend machen. **Zu beachten** ist, daß der Ehegatte erst **nachdem er in Verzug gesetzt worden ist** (Aufforderungsschreiben mit genauer Fristsetzung) **zur Zahlung** von Unterhalt **verpflichtet** ist, § 1613 BGB.

Die **Höhe** des monatlich zu zahlenden Unterhalts hängt von dem **Alter des Kindes** und der Höhe des **Einkommens des Elternteils** ab, der für das Kind zahlen soll. Die einzelnen Oberlandesgerichte in Deutschland haben zur Höhe des Unterhaltes **Tabellen** entwickelt, aus denen sich der monatliche Unterhalt ablesen läßt. Vielfach orientieren sich diese Gerichte an der vom Oberlandesgericht Düsseldorf entwickelten Unterhaltstabelle und haben diese nur in geringen Punkten abgewandelt (s. S. 83).

Muster 36 Zahlung von Kindesunterhalt

...

Liebe/r ....,

seit dem .... leben wir getrennt.

Da unsere gemeinsamen Kinder bei mir

geblieben sind und ich für diese sorge, bist Du zur Zahlung von Kindesunterhalt verpflichtet. Während unseres Zusammenlebens hattest Du ein durchschnittliches Nettoeinkommen i. H. v. 2.500,– DM. Ich gehe davon aus, daß Du wie in den Vorjahren Weihnachts- und Urlaubsgeld erhältst und darüber hinaus eine Steuererstattung bekommst. Nach meinen Berechnungen hast Du ein durchschnittliches monatliches Einkommen von 2.700,– DM bis 3.000,– DM. Du hast daher für unseren 7jährigen Sohn Thomas monatlich 480,– DM Unterhalt nach der Düsseldorfer Tabelle und für unsere 3 Jahre alte Tochter Susanne monatlich 400,– DM Unterhalt zu zahlen.

Ich fordere Dich auf, den Betrag von 880,– DM an mich zu zahlen. Für die Zukunft bitte ich Dich, den Kindesunterhalt monatlich bis zum 3. eines jeden Monats auf mein Konto bei der .... -Bank, BLZ ...., Konto-Nr. ...., einzuzahlen.

Gruß

....

Ort, Datum und Unterschrift

Zahlung von Ehegattenunterhalt

Haben sich die Eheleute getrennt, so kann derjenige Ehegatte, der keine oder keine ausreichenden eigenen Einkünfte hat, **Trennungsunterhalt** gegenüber dem anderen Ehegatten geltend machen, § 1361 BGB.

Düsseldorfer Tabelle

Altersstufe	bis 6 Jahre	7–12 Jahre	13–18 Jahre	ab 18 Jahre	
Regelunterhalt nichtehelicher Kinder nach VO 1996, Mindestbedarf ehelicher Kinder nach § 1610 Abs. 3 Satz 1 BGB	349	424	502		
Eheliche Kinder nach Nettoeinkommen des Unterhaltspflichtigen in DM Gruppe					Bedarfskontrollbetrag in DM
1. bis 2.400	349	424	502	580	1.300/ 1.500
2. 2.400–2.700	375	450	530	610	1.600
3. 2.700–3.100	400	480	565	6 50	1.700
4. 3.100–3.600	435	525	615	705	1.800
5. 3.600–4.200	475	570	675	780	1.950
6. 4.200–4.900	515	620	735	850	2.100
7. 4.900–5.800	565	680	805	930	2.300
8. 5.800–6.800	615	740	875	1.010	2.500
9. 6.800–8.000	665	805	945	1.085	2.800
über 8000 nach den Umständen des Falles					

Während des ersten Jahres nach der Trennung muß ein bislang nicht berufstätiger Partner keine Arbeit aufnehmen, und ein teilzeitbeschäftigter Partner ist nicht verpflichtet, sich nach einer vollen Stelle umzusehen (*Kammergericht Berlin*, FamRZ 1991, S. 1188).

Hinweis Zu beachten ist, daß der Ehegatte nur **ab dem Zeit-**

punkt, ab dem er vom unterhaltsbedürftigen Ehegatten zur Unterhaltszahlung aufgefordert worden ist, Unterhalt zu zahlen hat. Die **Aufforderung** zur Unterhaltszahlung sollte deshalb möglichst **schriftlich** erfolgen, um sie später zu Beweiszwecken dem Gericht vorlegen zu können.

Grob gerechnet steht jedem Ehegatten die **Hälfte des in der Ehe vorhandenen Gesamteinkommens** nach Abzug von Kreditbelastungen oder/ und Kindesunterhalt für die gemeinsamen Kinder zu.

Ist der Unterhaltsverpflichtete erwerbstätig, so soll ihm noch ein Anreiz zur Arbeit gegeben werden. Er muß daher nur $^3/_7$ und nicht $^1/_2$ **seines Einkommens** an den unterhaltsbedürftigen Ehegatten abgeben.

Auskunft

Kennt man die genaue **Höhe des Einkommens** des anderen Partners nicht oder kann man den Unterhaltsanspruch aus anderen Gründen nicht berechnen, so sollte man den anderen **zumindest zur Zahlung von monatlich 1.150,– DM (»Existenzminimum«) und zur Auskunft auffordern.** Nach § 1605 BGB ist der Unterhaltspflichtige verpflichtet, sein Einkommen offenzulegen.

Muster 37 Zahlung von Ehegattenunterhalt

...

Liebe/r ....,

seit dem .... leben wir getrennt.

Da ich über keine eigenen Einkünfte verfüge, bist Du zur Zahlung von Trennungsunterhalt verpflichtet.

Ich bitte Dich daher, mir ab sofort, jeweils bis zum 5. eines jeden Monats, 1.150,– DM Unterhalt auf mein Konto bei der ....
.......................-Bank, BLZ ....,
Konto-Nr. ...., zu zahlen.

Ich bitte Dich ferner, mir Deine Gehaltsabrechnungen aus den letzten 12 Monaten in Kopie zu übersenden, damit ich meinen Unterhaltsanspruch ausrechnen kann. Sollte mir bei einer richtigen Berechnung ein höherer Unterhaltsanspruch zustehen, so werde ich diesen geltend machen.

Gruß

....
Ort, Datum und Unterschrift

Kindergeld bei Trennung

Im Fall der Trennung sollte der Partner, bei dem die Kinder bleiben, **umgehend** beim Arbeitsamt einen **Antrag auf Zahlung von Kindergeld für die Zukunft stellen**, falls er es nicht schon ohnehin erhält. Denn das Kindergeld wird im allgemeinen **nicht rückwirkend** gezahlt.

Anspruch

Ein **Anspruch auf Kindergeld** besteht **für jedes Kind bis zur Vollendung des 16. Lebensjahres,** also bis zum 16. Geburtstag.

Nach Vollendung des 16. Lebensjahres des Kindes wird Kindergeld nur noch dann gezahlt, wenn das Kind

- eine Schul- oder Berufsausbildung macht oder
- ein freiwilliges soziales Jahr ableistet oder
- wegen einer Behinderung nicht in der Lage ist, selbst für den Lebensunterhalt zu sorgen oder
- die Führung des Haushalts für längere Zeit übernommen hat oder
- dem Haushaltsführenden, der mindestens weitere 4 Kinder in seinem Haushalt betreut, als Hilfe zur Seite steht.

Höhe

Für das **1. und 2. Kind** wird **ab 1.1.1997** Kindergeld in Höhe von **220,– DM**, für das **3. Kind 300,– DM** und für **jedes weitere Kind 350,– DM** gezahlt.

Antrag

Das Kindergeld muß **schriftlich** beantragt werden. **Zuständig** ist das **Arbeitsamt am Wohnsitz** des bezugsberechtigten Elternteils. Ist ein **Kind 16 Jahre** alt geworden, so muß der bezugsberechtigte Elternteil das **Arbeitsamt schriftlich** darüber **informieren**, ob die oben genannten **Voraussetzungen für einen Kindergeldbezug** vorliegen.

Muster 38 Kindergeld bei Trennung

...

An das Arbeitsamt – Familienkasse – ....

Antrag auf Zahlung von Kindergeld

Sehr geehrte Damen und Herren,

hiermit stelle ich den Antrag, mir zukünftig für meine Tochter/meinen Sohn .... (Name), geboren am .... (Geburtsdatum), Kindergeld zu gewähren.

In der Vergangenheit wurde das Kindergeld durch Sie direkt an meinen Ehemann, Herrn .... (Name) ausgezahlt. Seit dem .... lebe ich getrennt von meinem Ehemann. Für unsere/n gemeinsame/n Tochter/Sohn sorge ich nunmehr allein.

Den monatlichen Kindergeldbetrag überweisen Sie bitte auf mein Konto bei der ....-Bank, BLZ ...., Konto Nr. ....

Mit freundlichen Grüßen

....
Ort, Datum und Unterschrift

8. Finanzamt

Fristverlängerung

Die Frist zur Einkommensteuererklärung endet mit **Ablauf des fünften Monats nach Ende des Besteuerungszeitraums.** Eine Einkommensteuererklärung für den Veranlagungszeitraum 1998 wäre demnach bis spätestens 31.5.1999 abzugeben. Nach § 109 Abs. 1 AO kann die **Erklärungsfrist** von der Finanzbehörde **verlängert** werden. Die Finanzbehörden gewähren dabei **bis zum 30.9. des jeweiligen Jahres** eine allgemeine **Fristverlängerung.**

Gründe

Unvollständige Unterlagen des Steuerpflichtigen wegen besonderer beruflicher, geschäftlicher oder privater Ereignisse, Krankheiten oder Arbeitsüberlastung können eine Fristverlängerung rechtfertigen.

Einspruch gegen Steuerbescheid

Sollte der **Einkommensteuerbescheid** nicht ordnungsgemäß ergangen sein, so kann gegen ihn **Einspruch** eingelegt werden. Das Einspruchsverfahren ist **kostenfrei**, insoweit entstehen für den Betroffenen keinerlei Verwaltungsgebühren.

Zu beachten ist, daß der Einspruch **innerhalb eines Monats nach Zustellung des Bescheides** eingelegt werden muß. Der Einspruch sollte im eigenen Interesse **genau begründet** werden; um jedoch die Einspruchsfrist zu wahren, genügt es,

Muster 39 Fristverlängerung

...

An das Finanzamt ....

Steuer-Nr. ....
Antrag auf Fristverlängerung zur Einkommensteuererklärung

Sehr geehrte Damen und Herren,

hiermit beantrage ich, die Frist zur Abgabe der Einkommensteuererklärung für das Jahr 1998 auf den 30.9.1999 zu verlängern.

Aufgrund meiner Krankheit/meines Unfalls/erheblicher Arbeitsüberlastung/noch fehlender Unterlagen bin ich zur fristgerechten Einkommensteuererklärung nicht in der Lage.

Mit freundlichen Grüßen

....
Ort, Datum und Unterschrift

zunächst den Einspruch einzulegen und später die Gründe nachzureichen (s. Muster 40, S. 90).

Muster 40 Einspruch gegen Steuerbescheid

...

An das Finanzamt ....

Steuer-Nr. ....
Einspruch gegen den Steuerbescheid vom ....

Sehr geehrte Damen und Herren,

gegen den Einkommensteuerbescheid für das Jahr .... vom ...., der mir am .... zugegangen ist, lege ich hiermit Einspruch ein.

Ich beantrage, die Einkommensteuer auf .... DM herabzusetzen. Folgender Sachverhalt wurde im Einkommensteuerbescheid nicht berücksichtigt: ....
....
(genaue Begründung)

oder

Eine gesonderte Begründung des Einspruchs werde ich Ihnen innerhalb der nächsten 4 Wochen zusenden.

Mit freundlichen Grüßen

....
Ort, Datum und Unterschrift

9. Gastronomie

Sperrzeitenüberschreitung/Lärmbelästigung

Wer ein **Gaststättengewerbe** betreiben will, bedarf einer Erlaubnis (Konzession), § 2 GaststättenG. Eine solche **Erlaubnis** ist in der Regel **zum Schutze der Anwohner mit einigen Auflagen verbunden**. So kann z.B. die Erlaubnis zur Betreibung einer Gartenwirtschaft mit der Auflage verbunden sein, daß nach 22 Uhr keine Getränke mehr im Freien ausgeschenkt werden dürfen. Vielfach werden solche Auflagen jedoch von den jeweiligen Betreibern überschritten, um die Gäste nicht zu vergraulen.

Sperrzeit

Nach § 18 GaststättenG haben die einzelnen Landesregierungen auch **Sperrzeiten für Schank- und Speisewirtschaften** festzusetzen. Auch solche Sperrzeiten werden gerne von Wirtsleuten überschritten. Insoweit berufen sich viele auf eine Schonfrist, wonach die Gäste die noch vor Eintritt der Sperrstunde erhaltenen Getränke austrinken dürfen. Nach einer Entscheidung des *Oberlandesgericht Düsseldorf* (Urteil vom 16.2.1987, 5 S [OWi] 2/87–13/87 I) darf jedoch eine solche **Schonfrist 15 bis 20 Minuten** nicht überschreiten. Leidtragende solcher Überschreitungen sind dann die Nachbarn, die tagtäglich dem Gaststättenlärm ausgesetzt sind. Als betroffener Nachbar sollte man zunächst versuchen, sich direkt an den **Gastwirt** zu wenden und diesen **zur Einhaltung der Sperrstunden aufzufordern**. Wird der Aufforderung **jedoch nicht nachgekommen**, so ist in der

Regel ein **Schreiben an das Gewerbeaufsichtsamt** hilfreich.

Muster 41 Beschwerde über Gaststätte beim Gewerbeaufsichtsamt

...

An das Gewerbeaufsichtsamt..............

Beschwerde

Sehr geehrte Damen und Herren,

ich wohne mit meiner Familie in der........ ....-Straße. An unser Grundstück grenzt das Restaurant ....

In den Sommermonaten betreiben die Pächter auch einen Ausschank mit Speisen und Getränken auf der dazugehörigen Terrasse.

In der letzten Woche sind wir dadurch erheblich belästigt worden. So wurden regelmäßig noch um 23.00 Uhr Gäste auf der Terrasse bedient. Nachdem die Gäste einiges getrunken hatten, fingen diese an, lauthals Lieder zu grölen. Unsere kleine Tochter leidet schon unter erheblichen Einschlafstörungen und ist am Tag hypernervös. Wir haben die Restaurantbetreiber, Herrn/Frau ...., schon mehrfach aufgefordert, die Ruhestunden einzuhalten, bisher jedoch leider erfolglos. Deshalb bitten wir Sie nunmehr, die Betreiber zur Einhaltung der Sperrstunde aufzufordern.

Mit freundlichen Grüßen

....

Ort, Datum und Unterschrift

Verdorbene Speisen

Werden einem Restaurantbesucher **verdorbene Speisen** angeboten, so ist dies zum einen sehr ärgerlich, zum anderen besteht für den Gast die Gefahr, **gesundheitlichen Risiken** ausgesetzt zu sein. Gleiches gilt für **Verschmutzungen**, die auf mangelhafte Hygiene zurückzuführen sind.

Bei solchen Vorfällen sollte sich der Betroffene an das Gesundheitsamt wenden.

Muster 42 Beschwerde über Gaststätte beim Gesundheitsamt

...

An das Gesundheitsamt ....

Beschwerde

Sehr geehrte Damen und Herren,

am letzten Wochenende besuchte ich mit meiner Familie das Restaurant .... in ....

Dort bestellten wir zur Vorspeise eine Lauchcremesuppe mit Brot.

Nachdem uns die Bedienung die Vorspeise brachte, hat eines unserer Kinder festgestellt, daß die Brotkante schon völlig verschimmelt war. Wir haben dies sofort reklamiert. Die Bedienung meinte daraufhin, daß sie kein anderes Brot mehr hätte und einen ein bißchen Schimmel nicht gleich umbringen würde.

Über das forsche Auftreten der Bedienung haben wir uns sehr geärgert. Zumal das Anbieten solcher Speisen auch gesundheitliche Risiken birgt.

Wir bitten Sie daher, das geschilderte Geschehen unter gesundheitsrechtlichen Aspekten zu bewerten und insoweit die notwendigen Maßnahmen zu ergreifen.

Mit freundlichen Grüßen

....

Ort, Datum und Unterschrift

10. Justiz

Verlegung eines Gerichtstermins

Das Gericht bestimmt in der Regel während eines Gerichtsverfahrens einen **Termin zur Hauptverhandlung**, in dem mit den Parteien die streitige Sache verhandelt werden soll. Hat das Gericht das **persönliche Erscheinen** einer Person zu diesem Termin **angeordnet**, so ist diese **verpflichtet, pünktlich vor Gericht zu erscheinen.** Erscheint der Geladene nicht zum Termin, so kann das Gericht das Fehlen mit einem **Ordnungsgeld** sanktionieren. Es empfiehlt sich deshalb für den Fall, daß man einen **Gerichtstermin nicht wahrnehmen** kann, dies dem Gericht **frühzeitig mitzuteilen** und einen triftigen Grund zu nennen (z.B. Krankheit, langgeplanter Urlaub etc.).

Muster 43 Verlegung eines Gerichtstermins

...

An das Amtsgericht / Landgericht ....

Az.:........../.........

Rechtsstreit .... gegen.........

bzw. **Strafverfahren gegen......... wegen ....**

Termin:.........., ... Uhr

Sehr geehrte Damen und Herren,

in obiger Sache wurde ich von Ihnen zum genannten Termin als Zeuge/als Sachverständiger/als Partei/als................ geladen. Leider muß ich Ihnen mitteilen, daß ich diesen Termin nicht wahrnehmen kann.

(Es folgt eine genaue Begründung, warum der Termin nicht wahrgenommen werden kann.)

Beispiel:

Am Freitag letzter Woche hatte ich einen Unfall mit meinem Motorrad. Dabei zog ich mir eine Rippenprellung zu und brach mir meinen rechten Oberschenkelknochen. Aufgrund dieses Unfalls befinde ich mir zur Zeit im......... -Krankenhaus. Der mich behandelnde Arzt, Herr Dr. ...., sagte mir, daß ich mindestens noch zwei Wochen im Krankenhaus bleiben müßte. Demnach ist es mir leider unmöglich, den Gerichtstermin wahrzunehmen. Ich bitte Sie daher, mich von meinem persönlichen Erscheinen zu entbinden und zu einem späteren Termin zu laden.

Mit freundlichen Grüßen

....

Ort, Datum und Unterschrift

Zeugenentschädigungsgeld

Nach dem Gesetz über die Entschädigung von Zeugen und Sachverständigen (ZSEG) werden **Zeugen entschädigt**, wenn sie von dem Gericht oder dem Staatsanwalt **zu Beweiszwecken geladen** wurden, § 1 ZSEG. Die Entschädigung des Zeugen umfaßt dessen Verdienstausfall und die notwendigen Fahrtkosten.

Höhe

Nach § 2 ZSEG erhält der Zeuge für seinen Verdienstausfall eine Entschädigung **für jede Stunde**, die er an **Arbeitszeit versäumt hat, zwischen 4,– und 25,– DM**. Dabei wird die letzte begonnene Stunde voll angerechnet. Wer **nicht erwerbstätig** ist und einen **eigenen Haushalt für mehrere Personen führt**, erhält eine Entschädigung von **20,– DM je Stunde**. Ist der Zeuge mit seinem **eigenen Wagen** gekommen oder hat er einen **Wagen von einem Dritten** unentgeltlich zur Verfügung gestellt bekommen, so erhält er **0,40 DM für jeden gefahrenen Kilometer**.

Hat der Zeuge einen **Antrag auf Entschädigung** gestellt, so wird die Höhe durch einen **gerichtlichen Beschluß** festgesetzt. Ist der Zeuge **mit der Festsetzung nicht einverstanden**, so kann er sich dagegen **beschweren**, wenn der Wert des Beschwerdegegenstandes 100,– DM übersteigt, § 16 Abs. 2 ZSEG (s. Muster 44, S. 98).

Ablehnung eines Richters

Ein Richter kann wegen der **Besorgnis der Befangenheit** abgelehnt werden, § 42 ZPO. Für die Ablehnung besteht **kein Anwaltszwang**, § 44 Abs. 1 i. V. m. § 78 Abs. 2 ZPO, d.h. man muß hier-

Muster 44 Zeugenentschädigungsgeld

...

An das Amtsgericht / Landgericht ....

Beschwerde

Sehr geehrte Damen und Herren,

in der Rechtssache .... gegen .... Aktenzeichen .... wurde ich von Ihnen zum Termin am .... um .... Uhr als Zeuge geladen. Da ich bezüglich meines Erscheinens einige Auslagen hatte, habe ich einen Antrag auf Festsetzung der Zeugenentschädigung gestellt. Daraufhin wurde per Beschluß vom .... meine Entschädigung auf .... DM festgesetzt.

Gegen den Beschluß vom .... lege ich gemäß § 16 Abs. 2 ZSEG Beschwerde ein, da ich der Ansicht bin, daß mir eine höhere Entschädigung zusteht.

(Es folgt eine genaue Begründung, warum einem eine höhere Entschädigung zusteht.)

Beispiel:
In dem Festsetzungsbeschluß wurden mir lediglich meine Fahrtkosten erstattet, eine Entschädigung für meine Abwesenheit von meinem Haushalt erhielt ich nicht.
Ich bin von Ihnen mit Schreiben vom .... auf 9.00 Uhr geladen worden.

Nachdem ich als Zeugin/Zeuge ausgesagt habe, wurde ich vom Gericht um 15 Uhr entlassen. Demnach sind bei der Festsetzung der Entschädigung 6 Stunden zu berücksichtigen. Da ich als Hausfrau für meine 4köpfige Familie den Haushalt führe, habe ich nach §2 Abs. 3 ZSEG einen Anspruch auf Zahlung von 20,– DM je Stunde. Ich bitte Sie daher, den Beschluß aufzuheben und unter Berücksichtigung des §2 Abs. 3 ZSEG meine Zeugenentschädigung neu festzusetzen.

Mit freundlichen Grüßen

....
Ort, Datum und Unterschrift

für keinen Rechtsanwalt beauftragen. Eine **Befangenheit** ist gegeben, wenn die Befürchtung besteht, daß der Richter eine **unsachliche innere Einstellung** zu den Beteiligten oder zum Gegenstand des konkreten Verfahrens hat. Dabei kommen **nur objektive Gründe** in Frage, rein subjektive Vorstellungen scheiden aus.

Beispiele

Bei folgenden Fällen wurde von der Rechtsprechung das Vorliegen einer Befangenheit angenommen:

- **Nahe persönliche Beziehung zu einer Prozeßpartei** (z.B. enge Freundschaft, Verlöbnis) (*Verwaltungsgerichtshof Kassel,* AnwBl. 1991, S. 161);
- **Verstoß gegen das prozessuale Gleichbehandlungsgebot** (die Verfahrensweise des Richters im Prozeß entbehrt jeglicher gesetzlicher

Grundlage) (*Bayerisches Oberstes Landesgericht*, DRiZ 1877, S. 244);
- **Negativeinstellung** (z.B. beleidigende Wortwahl, unsachliche Äußerungen) (*Bundesgerichtshof*, Beschluß vom 5.5.1976–3 StR 47/76, NJW 1976, S. 1462).

In dem Ablehnungsgesuch muß der **Richter namentlich bezeichnet** und der **Ablehnungsgrund** angegeben werden. **Der Grund ist glaubhaft zu machen**, entweder durch eidesstattliche Versicherung eines Zeugen oder durch Bezugnahme auf die darauffolgende dienstliche Äußerung des Richters, § 44 Abs. 2 ZPO.

Muster 45 Ablehnung eines Richters

...

An das Amtsgericht/Landgericht ....

Ablehnung des Richters ....

Sehr geehrte Damen und Herren,

in der Rechtssache .... gegen ...., Aktenzeichen ...., lehne ich den Richter .... wegen der Besorgnis der Befangenheit ab.

(Es folgt eine Begründung, wieso man den Richter für befangen hält.)

Beispiel:
Im vorliegenden Verfahren ist der Beklagte .... (Name) mit dem Richter befreundet. Der Beklagte

.... und der Richter Herr/Frau .... sind Nachbarn und zudem beide Mitglied des örtlichen Wandervereins. Den letzten Urlaub haben die Familien des Beklagten .... und des Richters .... gemeinsam in Sizilien verbracht.

Die Besorgnis der Befangenheit ist daher offensichtlich gegeben. Ich bitte um Einholung der dienstlichen Äußerung des Richters. Zur Glaubhaftmachung wird auf dieses Zeugnis Bezug genommen.

Mit freundlichen Grüßen

....
Ort, Datum und Unterschrift

Ablehnung eines Sachverständigen

Ein Sachverständiger kann aus denselben Gründen, die zur Ablehnung eines Richters berechtigen, abgelehnt werden, § 406 ZPO. Der **Ablehnungsantrag** ist bei dem Amts- oder Landgericht **innerhalb von 2 Wochen nach Bekanntgabe der Ernennung** des Sachverständigen zu stellen.

Beispiele

In folgenden Fällen wurde von der Rechtsprechung ein Sachverständiger wegen Besorgnis der Befangenheit abgelehnt:
- Arzt, der bereits eine privatärztliche Diagnose erstattet hat (*Landgericht Celle*, Rpfleger 1966, S. 197)

– Sachverständige hat für eine Partei ein entgeltliches Privatgutachten erstattet (*Landgericht Frankfurt*, MDR 1969, S. 225)

Muster 46 Ablehnung eines Sachverständigen

...

An das Amtsgericht/Landgericht ....

Ablehnung des Sachverständigen ....
....

Sehr geehrte Damen und Herren,

in der Rechtssache ....
gegen ...., Aktenzeichen ....,
lehne ich den mit Beschluß vom ....
ernannten Sachverständigen wegen der Besorgnis der Befangenheit ab.

....
....
(Es folgt eine Begründung, wieso man den Sachverständigen für befangen hält.)

Beispiel:
Im vorliegenden Verfahren hat der Sachverständige .... bereits ein entgeltliches Privatgutachten für die Gegenpartei erstellt. Auf das Privatgutachten hat die Gegenpartei in ihrem Schreiben vom .... Bezug genommen. Zur Glaubhaftmachung wird auf das gegnerische Schreiben, welches als

Anlage beigefügt ist, Bezug genommen. Weiterhin wird zur Glaubhaftmachung beantragt, den Sachverständigen zu befragen.

Da die Befangenheit des Sachverständigen offensichtlich ist, bitte ich, einen neuen Sachverständigen zu ernennen.

Mit freundlichen Grüßen

....
Ort, Datum und Unterschrift

11. Kaufrecht

Anfechtung und Widerruf

▸ Anfechtung eines Kaufvertrages wegen Irrtums

Grundsätzlich gilt die Regel »**pacta sunt servanda**« (= Verträge sind zu halten). Von dieser Regel macht das Gesetz jedoch dann eine **Ausnahme**, wenn sich der Käufer oder Verkäufer bei Vertragsabschluß entweder **über die Erklärung** als solche (§ 119 Abs. 1 BGB), über den **Inhalt seiner Erklärung** (§ 119 Abs. 1 BGB) oder **über die Eigenschaft** (§ 119 Abs. 2 BGB) des Kaufgegenstandes bzw. über die Person des Vertragspartners **geirrt** hat. Liegt eine der Irrtumsarten vor, so kann der sich Irrende seine Willenserklärung anfechten. Mit der **Anfechtung** wird der **Kaufvertrag von Anfang an nichtig.** Um den anderen Vertragspartner in seinem **Vertrauen** auf den geschlossenen Vertrag zu **schützen**, sieht das BGB in § 122 vor, daß diesem bei einer Vertragsanfechtung der **Vertrauensschaden zu ersetzen** ist. Der Ersatz des Vertrauensschadens ist somit die Kehrseite des Anfechtungsrechts.

Vertrauensschaden

Der Vertrauensschaden ist der Schaden, den der andere Vertragspartner dadurch erleidet, daß er auf die Willenserklärung vertraute. Zu dem Schaden gehören z.B. die nutzlosen Aufwendungen (Telefonkosten, Fahrt zum Kaufsort), Kosten der begonnenen Vertragsausführungen oder der entgangene Gewinn, weil im Vertrauen auf die Gültigkeit des Kaufvertrages ein anderes günstiges

Muster 47 Anfechtung eines Kaufvertrages wegen Irrtums

...

An die Firma ....

Meine Bestellung vom ....
Ihr Zeichen ....

Anfechtung des Kaufvertrags wegen Irrtums

Sehr geehrte Damen und Herren,

....
(genaue Beschreibung des Irrtums)

Beispiel:
.... am .... habe ich bei Ihnen schriftlich einen *Block »Linea« Din-A4 (Best. Nr. 32423)* und *15 Briefwaagen »Gramma« (Best. Nr. 23431)* bestellt. Hierbei ist mir jedoch ein Irrtum unterlaufen. In Wirklichkeit wollte ich bei Ihnen eine Briefwaage und 15 Blöcke bestellen.

Aufgrund dieses Erklärungsirrtums fechte ich den Kaufvertrag über einen *Block* und *15 Briefwaagen* an und bitte Sie, meine Bestellung insoweit zu korrigieren und mir (nur) eine *Briefwaage* und dafür aber *15 Blöcke* zu liefern.

Mit freundlichen Grüßen

....
Ort, Datum und Unterschrift

Geschäft ausgeschlagen wurde. Der sich irrende Vertragspartner sollte **vor der Anfechtung genau abwägen**, welcher Schaden höher ist: der Schaden, der dadurch entsteht, daß man den Vertrag einhält, oder der Vertrauensschaden, den man bei Anfechtung ersetzen muß.

Die **Anfechtungserklärung** muß **unverzüglich, nachdem der Irrtum erkannt wurde**, dem anderen Vertragspartner gegenüber erklärt werden. Die Erklärung sollte **aus Beweisgründen schriftlich** erfolgen.

▸ Widerruf eines Kaufvertrags nach Haustürwiderrufsgesetz

Verschiedene Vertreter bieten Waren (Staubsauger, Zeitungen etc.) den Verbrauchern direkt an der Haustür an. Zu leicht besteht die Gefahr, zu einem Kauf oder Abonnement überredet zu werden, der später bereut wird, da man den betreffenden Gegenstand überhaupt nicht nutzen kann oder weil der vereinbarte Kaufpreis viel zu hoch war. **Zum Schutz der Verbraucher** vor Haustür- oder ähnlichen Geschäften (z.B. auch Geschäfte am Arbeitsplatz, bei Kaffeefahrten) gilt daher **seit 1986 das Haustürwiderrufsgesetz**. Dem Käufer wird in diesem Gesetz ein befristetes Widerrufsrecht eingeräumt.

Hinweis

Zu beachten ist, daß das Haustürwiderrufsgesetz nach § 1 Abs. 2 **Haustürwiderrufsgesetz keine Anwendung** findet, wenn:

- der Käufer den Vertreter vorher zu sich bestellt hat,
- der Wert des Kaufgegenstandes niedriger als 80,– DM ist und der Kaufgegenstand sofort übergeben und bezahlt wird,
- der Vertrag von einem Notar beurkundet wurde oder
- es sich um einen Versicherungsvertrag handelt.

Wochenfrist

Der Käufer kann nach § 2 Haustürwiderrufsgesetz **innerhalb einer Woche schriftlich den Kauf ohne Angabe von Gründen widerrufen**; zur Einhaltung der Wochenfrist genügt die rechtzeitige Absendung des Widerrufs. Die **Wochenfrist beginnt**, wenn dem Käufer eine drucktechnisch **deutlich gestaltete Belehrung** über sein Widerrufsrecht ausgehändigt wurde und er diese Belehrung gesondert **unterschrieben** hat. **Fehlt** eine solche **Belehrung**, so endet das Widerrufsrecht des Käufers **einen Monat** nach vollständiger Erbringung der Leistung (s. Muster 48, S. 108).

▶ Widerruf des Kaufvertrags nach dem Verbraucherkreditgesetz

Wird einem Kaufvertrag eine **Ratenzahlungsvereinbarung** zugrunde gelegt und ist der **Verkäufer ein Warenhaus oder ein Einzelkaufmann**, so finden die **Regelungen des Verbraucherkreditgesetzes** (= VerbrKrG) Anwendung. Das Verbraucherkreditgesetz enthält zahlreiche Vorschriften zugunsten des Käufers, die vom Verkäufer im Kaufvertrag nicht ausgeschlossen werden können, § 18 VerbrKrG.

Eines der **wesentlichen Rechte** des Käufers stellt das Widerrufsrecht nach § 7 VerbrKrG dar. Der Kunde (Käufer) kann nach dieser Norm **innerhalb einer Woche schriftlich** seine auf den Abschluß des Kauf- bzw. Kreditvertrags gerichtete **Willenserklärung widerrufen**, wobei zur Einhaltung der Wochenfrist die re**chtzeitige Absendung des Widerrufs** genügt. Die **Wochenfrist beginnt**, wenn dem Kunden eine drucktechnisch **deutlich gestaltete Belehrung** über sein Widerrrufsrecht **ausgehändigt** wurde **und** er diese Belehrung **gesondert unterschrieben** hat. Fehlt eine solche Belehrung, so endet das Widerrufsrecht des Kun-

Muster 48 Widerruf nach Haustürwiderrufsgesetz

...

Widerruf meiner Bestellung vom ....

Sehr geehrte Damen und Herren,

am .... erhielt ich unaufgefordert Besuch von Ihrem Vertreter. Dieser verkaufte mir eine *Heizdecke Marke »Niemalskalt«* zum Preis von 598,– DM.

Hiermit mache ich fristgerecht von meinem Widerrufsrecht gem. § 2 Haustürwiderrufsgesetz Gebrauch und widerrufe meine Erklärung, die genannte *Heizdecke* kaufen zu wollen.

Mit freundlichen Grüßen

....
Ort, Datum und Unterschrift

Siehe auch **Muster 1** (Widerruf eines Zeitschriftenabonnements), Seite 19.

den erst, wenn er die letzte Rate bezahlt oder den Kaufgegenstand vom Verkäufer erhalten hat, spätestens jedoch ein Jahr nach Abgabe der auf den Kauf- bzw. Kreditvertrag gerichteten Erklärung des Käufers.

Muster 49 Widerruf nach Verbraucherkreditgesetz

...

An die Firma ....

Widerruf des Kaufvertrages vom ....

Sehr geehrte Damen und Herren,

am .... habe ich bei Ihnen .... (Kaufgegenstand) gekauft, wobei wir vereinbart haben, daß ich den Kaufpreis in Raten abbezahlen kann.

Ich mache hiermit von meinem Widerrufsrecht nach §7 VerbrKrG Gebrauch und widerrufe fristgerecht meine auf den Abschluß des Kaufvertrages gerichtete Willenserklärung.

Mit freundlichen Grüßen

....
Ort, Datum und Unterschrift

Lieferungsverzögerung/Verzug

▸ Mahnschreiben bei Lieferungsverzögerungen
Hat der Verkäufer den Kaufgegenstand nicht vorrätig (z.B. bei Möbeln, Fernseher, Pkw), so vereinbart er in der Regel mit dem Käufer eine Frist, innerhalb derer er den Gegenstand liefert.

Unschön ist es, wenn der Käufer trotz **Ablauf**

der vereinbarten Frist noch immer nicht den gewünschten Kaufgegenstand erhalten hat. In einem solchen Fall sollte der Käufer den **Verkäufer anmahnen** und einen **genauen Termin nennen,** bis zu dem der Verkäufer zu liefern hat. Durch das Mahnschreiben kommt der Verkäufer in **Verzug,** § 284 BGB. Der **Verzug hat zur Folge,** daß der **Verkäufer den Schaden, der durch die weitere Verzögerung entsteht, zu ersetzen hat** (z.B. Anmietung eines Pkws). Im Verzugsfall kann der Käufer auch einen **Anwalt** einschalten, der den Verkäufer erneut zur Leistung auffordert. Die dadurch entstehenden **Anwaltsgebühren** stellen einen **Verzugsschaden** dar, den der **Verkäufer zu ersetzen** hat.

Muster 50 Lieferungsverzögerung

...
An die Firma ....

Mahnung

Sehr geehrte Damen und Herren,

am 12.6.19... habe ich bei Ihnen *einen Schlafzimmerschrank »Ensemble«* gekauft. Da Sie *den Schrank* nicht vorrätig auf Lager hatten, sicherten Sie mir zu, ihn bis spätestens in 6 Wochen zu liefern.

Mittlerweile sind seit dem Kaufdatum 10 Wochen vergangen.
Den Schrank haben Sie immer noch nicht geliefert. Ich fordere Sie daher auf, mir *den*

Schrank bis spätestens 4.9.19... zu liefern. Sollte die Lieferung bis zu dem genannten Zeitpunkt nicht erfolgt sein, werde ich weitere rechtliche Schritte einleiten.

Mit freundlichen Grüßen

....
Ort, Datum und Unterschrift

▸ Mahnschreiben mit Fristsetzung und Ablehnungsandrohung

Ist der **Verkäufer in Verzug** geraten (siehe Lieferungsverzögerung/Verzug), so **kann** der **Käufer** nach § 326 BGB **vom Kaufvertrag zurücktreten und Schadensersatz** wegen Nichterfüllung **verlangen.**

Voraussetzung hierfür ist jedoch zunächst, daß der Käufer den Verkäufer erneut anmahnt mit der **Erklärung,** daß er die **Annahme** des Kaufgegenstandes **nach** Ablauf einer bestimmten **Frist ablehnen werde** (s. Muster 51 S. 112).

▸ Rücktritt vom Kaufvertrag nach Verzugseintritt

Wenn die **2. Frist abgelaufen** ist, kann der Käufer **vom Vertrag zurücktreten oder Schadensersatz wegen Nichterfüllung** verlangen. Zu beachten ist, daß der Käufer nach dem Rücktritt nicht mehr auf die Erfüllung des Vertrages bestehen kann.
(S. Muster 52a und Muster 52b S. 113 f.)

Muster 51 Fristsetzung und Ablehnungsandrohung

...

An die Firma ....

Mahnung

Sehr geehrte Damen und Herren,

am 12.6.19... habe ich bei Ihnen *den Schlafzimmerschrank »Ensemble«* gekauft. Da Sie *den Schrank* nicht vorrätig auf Lager hatten, sicherten Sie mir zu, ihn bis spätestens in 6 Wochen zu liefern.

Da ich nach 10 Wochen immer noch nicht den gewünschten *Schrank* von Ihnen erhalten hatte, mahnte ich Sie am .... an und setzte Ihnen eine Lieferungsfrist bis zum 4.9.19...
Zwischenzeitlich sind seit dem 4.9.19... weitere 3 Tage vergangen. Ich fordere Sie daher letztmals auf, mir den *Schrank* bis zum 12.9.19... anzuliefern. Nach Ablauf der genannten Frist werde ich die Annahme des *Schrankes* ablehnen.

Mit freundlichen Grüßen

....
Ort, Datum und Unterschrift

Muster 52a Rücktritt nach Verzugseintritt

...
An die Firma ....

Rücktritt vom Kaufvertrag

Sehr geehrte Damen und Herren,

am 12.6.19... habe ich bei Ihnen *den Schlafzimmerschrank »Ensemble«* gekauft. Da Sie *den Schrank* nicht vorrätig auf Lager hatten, sicherten Sie mir zu, ihn bis spätestens in 6 Wochen zu liefern.

Da ich nach 10 Wochen immer noch nicht den gewünschten *Schrank* von Ihnen erhalten hatte, mahnte ich Sie am .... an und setzte Ihnen eine Lieferungsfrist bis zum 4.9.19... Am 8.9.19... mahnte ich Sie erneut an und teilte Ihnen mit, daß ich mit Ablauf des 12. 9. 19... die Annahme verweigern werde.

Nachdem nun auch die letzte Frist verstrichen ist, trete ich hiermit vom Kaufvertrag vom 12.6.19... zurück.

Mit freundlichen Grüßen

....
Ort, Datum und Unterschrift

Muster 52b Schadensersatz nach Verzugseintritt

...

An die Firma ....

Schadensersatz wegen Nichterfüllung

Sehr geehrte Damen und Herren,

am 12.6.19... habe ich bei Ihnen *den Schlafzimmerschrank »Ensemble«* gekauft, den Sie mir trotz Zusicherung und trotz Mahnung nicht geliefert haben.

Anläßlich meiner letzten Mahnung vom 8.9.19... teilte ich Ihnen mit, daß ich mit Ablauf des 12. 9. 19... die Annahme verweigern werde. Nachdem Sie auch die letzte Frist ungenutzt verstreichen ließen, habe ich bei der Firma .... das gleiche Modell erworben. Leider hat der Kaufpreis hierbei .... DM, also .... DM mehr als bei Ihnen betragen.

Ich fordere Sie deshalb auf, mir den genannten Differenzbetrag bis spätestens .... als Schadensersatz auf mein Konto bei der .... Bank, BLZ ...., Konto-Nr. ...., zu überweisen. Hätten Sie rechtzeitig geliefert, hätte ich nicht das teurere Stück bei Ihrer Konkurrenz kaufen müssen.

Mit freundlichen Grüßen

....

Ort, Datum und Unterschrift

Gewährleistung

Ist der **Kaufgegenstand mangelhaft** oder **fehlt** ihm eine **zugesicherte Eigenschaft**, so hat der Käufer gemäß § 459 BGB das Recht auf **Wandlung** (Rückgängigmachung des Kaufvertrages) oder **Minderung** (nachträgliche Herabsetzung des Kaufpreises).

Mangel

Ein **Kaufgegenstand** ist dann **mangelhaft**, wenn er derart fehlerhaft ist, daß der Wert oder die Tauglichkeit zu dem gewöhnlichen oder zu dem nach dem Kaufvertrag vorausgesetzten Gebrauch aufgehoben oder gemindert ist, § 459 Abs. 1 Satz 1 BGB. Eine **Eigenschaft** ist dann **zugesichert**, wenn der Verkäufer dem Käufer zu erkennen gibt, daß er für den Bestand der Eigenschaft bzw. für die Folgen eines Fehlens einstehen will (*Bundesgerichtshof*, Urteil vom 5.7.1972 – VII ZR 74/71, BGHZ 59, 158, 160).

Beispiele

Zugesicherte Bebaubarkeit eines Grundstückes; zugesicherte Km-Leistung eines Fahrzeuges

Verjährung

Die Gewährleistungsrechte kann der Käufer **bis zu 6 Monaten nach Erhalt des Kaufgegenstandes** geltend machen, § 477 BGB. **Zu beachten** ist, daß der Lauf der **Verjährungsfrist nicht dadurch gestoppt** wird, **daß** die Gegenseite zur **Rückgängigmachung des Vertrages oder** zur **Herabsetzung des Preises aufgefordert** wird. Hierzu ist vielmehr die Einreichung einer Klage bei Gericht notwendig, § 209 BGB.

Ausschluß

Bei der Geltendmachung der Gewährleistungsrechte sollte der Käufer **vorher prüfen**, ob diese im Kaufvertrag nicht ausgeschlossen worden sind.

Bei einem Kaufvertrag über eine **gebrauchte Sache können** die **Gewährleistungsrechte** ohne weiteres **ausgeschlossen werden.** Bei **Verträgen** über **neu hergestellte Sachen** kann der Verkäufer in seinen Allgemeinen Geschäftsbedingungen nur in **begrenztem Umfang** die **Gewährleistungsrechte** des Käufers **ausschließen.** Vielfach werden von Händlern **Allgemeine Geschäftsbedingungen** (= AGB) verwandt, in denen die Gewährleistungsrechte des Käufers begrenzt werden. Die Allgemeinen Geschäftsbedingungen werden aber nur dann Bestandteil des Kaufvertrages, wenn der Verkäufer bei Kaufvertragsabschluß den Käufer **ausdrücklich** auf seine Geschäftsbedingungen oder, falls dies unverhältnismäßig schwierig sein sollte, **durch einen deutlich sichtbaren Aushang** am Ort des Vertragsabschlusses **hinweist,** § 2 AGBG. Dem Käufer muß dabei die **Möglichkeit** gegeben werden, **in zumutbarer Weise** vom Inhalt der Geschäftsbedingungen **Kenntnis zu nehmen.** Allgemeine Geschäftsbedingungen sind daher nicht Bestandteil eines Kaufvertrages geworden, wenn der Verkäufer erst auf der Rechnung oder dem Lieferschein auf seine Geschäftsbedingungen Bezug nimmt. Auch **allzu Kleingedrucktes ist unwirksam,** Allgemeine Geschäftsbedingungen müssen von einem Durchschnittskunden mühelos lesbar sein (*Bundesgerichtshof,* Urteil vom 30.5.1983 – II ZR 135/82, NJW 1983, S. 2772).

Selbst wenn die Allgemeinen Geschäftsbedingungen aber Vertragsinhalt geworden sind, können sie immer noch nach dem Gesetz über die **Allgemeinen Geschäftsbedingungen (AGBG) unwirksam** sein. Nach § 11 Nr. 10 AGBG sind folgende Beschränkungen der Gewährleistungsrechte des Käufers durch den Verkäufer unwirksam:

- grundsätzlicher Ausschluß der Gewährleistungsrechte im Ganzen (§ 11 Nr. 10 a AGBG) (auch bei Sonderangeboten dürfen die Gewährleistungsrechte nicht ausgeschlossen werden),
- wenn die Gewährleistungsrechte nur auf eine Nachbesserung beschränkt sind (§ 11 Nr. 10 b AGBG),
- wenn die Kosten der Nachbesserung auf den Käufer abgewälzt werden (insbesondere: Transport-, Wege-, Arbeits- und Materialkosten) (§ 11 Nr. 10 c AGBG),
- wenn der Verkäufer die Mängelbeseitigung von der Zahlung des Kaufpreises oder eines wesentlichen Teils davon abhängig macht (§ 11 Nr. 10 d AGBG),
- wenn der Verkäufer die Anzeigefrist von nicht offensichtlichen Mängeln verkürzt (§ 11 Nr. 10 e AGBG) und
- wenn der Verkäufer generell die Gewährleistungsfrist verkürzt (§ 11 Nr. 10 f AGBG).

▶ Wandlung wegen Fehlerhaftigkeit

Muster 53 Wandlung wegen Fehlerhaftigkeit

...
An die Firma ....

Wandlung

Sehr geehrte Damen und Herren,

am .... habe ich bei Ihnen *ein Radiogerät Marke Irasonic Typ 230* gekauft. Leider mußte ich feststellen, daß *das Radio* mangelhaft ist. Schon einen Tag nach dem Kauf funktionierte der Lautstärkeregler nicht mehr. Die Lautstärke läßt sich nicht mehr regulieren, vielmehr kommt ein konstant viel zu lauter Ton aus dem Radio.

Hiermit mache ich aufgrund der oben beschriebenen Mangelhaftigkeit von meinem Wandlungsrecht nach §§ 462, 459 BGB Gebrauch und verlange die Rückgängigmachung des Kaufvertrages. Ich fordere Sie daher auf, mir bis zum .... (Datum, genaue Fristsetzung) zu bestätigen, daß Sie mit der Rückgängigmachung des Kaufvertrages einverstanden sind. Sollte ich bis zu dem genannten Termin kein Einverständnis Ihrerseits erhalten haben, wäre ich gezwungen, anwaltliche Hilfe in Anspruch zu nehmen.

Mit freundlichen Grüßen

....

Ort, Datum und Unterschrift

▶ Wandlung wegen fehlender zugesicherter Eigenschaft

Muster 54 Wandlung wegen fehlender zugesicherter Eigenschaft

...
An die Firma ....

Wandlung

Sehr geehrte Damen und Herren,

am .... habe ich bei Ihnen *ein Motorboot Marke »Speed-Lake« Typ 007* gekauft. Im Kaufvertrag sicherten Sie mir schriftlich zu, daß *das Boot* eine Höchstgeschwindigkeit von 60 km/h erreichen würde. Auch Ihr Verkäufer, Herr ...., sicherte mir auf Nachfrage nochmals diese Höchstgeschwindigkeit mündlich zu.

Leider mußte ich schon nach der ersten Fahrt feststellen, daß mit dem Boot maximal eine Geschwindigkeit von 40 km/h zu erreichen ist.

Aufgrund dieses Mangels mache ich von meinem Wandlungsrecht nach §§ 462, 459 BGB Gebrauch und verlange die Rückgängigmachung des Kaufvertrages. Ich fordere Sie daher auf, mir bis zum .... (Datum, genaue Fristsetzung) zu bestätigen, daß Sie mit der Rückgängigmachung des Kaufvertrages einverstanden sind. Sollte ich bis zu dem genannten Termin kein Einverständnis Ihrerseits erhalten haben, wäre ich gezwungen, anwaltliche Hilfe in Anspruch zu nehmen.

Mit freundlichen Grüßen

....
Ort, Datum und Unterschrift

▸ Minderung des Kaufpreises

Muster 55 Minderung des Kaufpreises

...

An die Firma ....

Kaufpreisminderung

Sehr geehrte Damen und Herren,
am .... habe ich bei Ihnen *eine Deckenlampe Marke Lux Typ Delta* gekauft. Leider mußte ich feststellen, daß *die Lampe* mangelhaft ist. Beim Auspacken der *Lampe* habe ich entdeckt, daß am Lampenschirm eine Ecke herausgebrochen ist.

Ich mache deshalb von meinem Minderungsrecht nach §§ 462, 459 BGB Gebrauch. Der ursprüngliche Kaufpreis in Höhe von .... DM ist mindestens um .... DM herabzusetzen. Ich fordere Sie daher auf, mir bis zum .... (Datum, ca. 10 Tage) mitzuteilen, ob Sie mit der Minderung des Kaufpreises einverstanden sind.

Den Minderungsbetrag in Höhe von .... DM überweisen Sie bitte auf mein Konto bei der ....-Bank, BLZ ...., Konto-Nr. ....

Sollte der Betrag nicht bis zu dem genannten Termin auf meinem Konto eingegangen sein, wäre ich gezwungen, anwaltliche Hilfe in Anspruch zu nehmen.

Mit freundlichen Grüßen

....
Ort, Datum und Unterschrift

▸ Beschwerde bei der Industrie- und Handelskammer wegen Nichtbeachtung von Gewährleistungsvorschriften

Sollte ein **Verkäufer** auf ein **berechtigtes Minderungs- oder Wandlungsverlangen nicht eingehen**, so besteht zum einen die **Möglichkeit**, eine **Klage** zu erheben, zum anderen kann man sich aber auch **bei der Industrie- und Handelskammer beschweren.**

Muster 56 Beschwerde bei der IHK

...
An die Industrie- und
Handelskammer ....

Beschwerde

Sehr geehrte Damen und Herren,

hiermit möchte ich mich bei Ihnen über das Geschäft .... wegen Nichtbeachtung der Gewährleistungsvorschriften beschweren.

Der Beschwerde liegt folgendes Geschehen zugrunde:

Am .... kaufte ich dort im Sommerschlußverkauf *eine Hose* zum Preis von .... DM. Als ich zu Hause die *Hose* anprobierte, stellte ich fest, daß an einem Hosenbein die Seitennaht zerrissen war. Am nächsten Tag brachte ich die *Hose* in das Geschäft zurück und bat die dort tätige Verkäuferin, mir den Kaufpreis zurückzuzahlen. Die Verkäuferin meinte, daß dies nicht möglich sei, da ich die *Hose* schließlich im Sommerschlußverkauf erworben hätte. Als ich weiterhin auf die Rückzahlung des Kaufpreises bestand, holte die Verkäuferin den Geschäftsführer / Abteilungsleiter, Herrn .... Auch dieser meinte, daß ich den Kaufvertrag nicht mehr rückgängig machen könne, da auf den Preisschildern der Hinweis aufgedruckt sei: »Sonderangebot! Verkauf erfolgt unter Ausschluß jeglicher Gewährleistung«.

Nach der Rechtsprechung ist ein solcher Hinweis eine unwirksame Allgemeine Geschäftsbedingung nach § 11 Nr. 10a AGBG, da es sich auch bei Sonderangeboten grundsätzlich um neu hergestellte Sachen handelt (*Oberlandesgericht Düsseldorf* vom 13.2.1997–6 U 137/96).

Ich bitte Sie, gegen eine derartige Nichtbeachtung von Gewährleistungsvorschriften vorzugehen, zumal sicherlich auch anderen Kunden ihre Gewährleistungsrechte verwehrt werden.

Mit freundlichen Grüßen

....

Ort, Datum und Unterschrift

Lebensmittelgeschäfte

Nicht selten werden den Verbrauchern **Lebensmittel** zum Kauf angeboten, deren **Mindesthaltbarkeitsdatum abgelaufen** ist oder die **verdorben** sind.

Nach §§ 3 Abs. 1 Nr. 4, 7 Abs. 1 LMKV (Lebensmittelkennzeichnungsverordnung) muß eine Vielzahl von Lebensmitteln mit einem **Mindesthaltbarkeitsdatum** versehen werden. Das Mindesthaltbarkeitsdatum stellt das Datum dar, bis zu dem das Lebensmittel unter **angemessenen Aufbewahrungsbedingungen** seine spezifischen Eigenschaften behält, § 7 LMKV. **Weist ein Händler nicht darauf hin**, daß **das Mindesthaltbarkeitsdatum bereits verstrichen** ist, so stellt dies nach der Rechtsprechung eine **Irreführung des Verbrauchers** dar, da dem Verbraucher eine wesentliche Information für seinen Kaufentschluß vorenthalten wird (*Oberlandesgericht Hamm,* Urteil vom 28.11.1991–4 U 227/91, WRP 1992, S. 396 und *Oberlandesgericht Köln*, Urteil vom 6.11.1987–6 U 45/87, WRP 1989, S. 45). Demnach ist der Verkauf von Waren mit abgelaufenem Mindesthaltbarkeitsdatum nicht verboten, sie sollten jedoch im Sortiment **gesondert hervorgehoben** werden. Wird der Verbraucher nicht auf abgelaufene Haltbarkeitsdaten hingewiesen, so besteht für ihn die Möglichkeit, sich beim **Deutschen Einzelhandelsverband** bzw. beim **örtlichen Gewerbeaufsichtsamt** zu **beschweren**.

Adresse

Die Adresse des Deutschen Einzelhandelsverbandes lautet: Hauptverband des Deutschen Einzelhandels e.V., Gothaer Allee 2, 50969 Köln (Fax: 0221–93655-909).

Muster 57 Abgelaufenes Haltbarkeitsdatum

...
An den Hauptverband
des Deutschen Einzelhandels e.V.
Gothaer Allee 2

50969 Köln

Beschwerde

Sehr geehrte Damen und Herren,

mit diesem Schreiben möchte ich mich über das Lebensmittelgeschäft .... in .... beschweren.

In letzter Zeit wurden in diesem Lebensmittelgeschäft schon mehrfach Waren angeboten, deren Haltbarkeitsdaten überschritten waren und bei denen nicht gesondert auf den Ablauf des Haltbarkeitsdatums hingewiesen wurde. Es ist für mich als Verbraucher sehr ärgerlich, immer wieder nach dem Einkauf feststellen zu müssen, daß man »alte« Lebensmittel eingekauft hat.

Da die Vorgehensweise des Lebensmittelgeschäftes für mich und wahrscheinlich auch für viele andere Verbraucher irreführend ist, bitte ich Sie, dagegen einzuschreiten.

Mit freundlichen Grüßen

....
Ort, Datum und Unterschrift

Muster 58 Verdorbene Ware

...
An das Gesundheitsamt ....

Beschwerde

Sehr geehrte Damen und Herren,

aufgrund folgenden Vorfalls möchte ich mich über das Lebensmittelgeschäft .... in .... beschweren:

Beispiel:
Am .... kaufte ich dort bei der Fischtheke 250 Gramm Seelachs ein. Als ich am Abend den Fisch zum Essen auspackte, stellte ich fest, daß dieser sehr unappetitlich roch. Nachdem ich mir den Fisch genauer ansah, bemerkte ich, daß dieser an etlichen Stellen wäßrige Bläschen aufwies. Da der Fisch auf keinen Fall mehr genießbar war und sich sein Geruch sehr schnell in unserer Küche verbreitete, habe ich ihn sofort weggeworfen.

Der Vorfall ist nicht nur sehr ärgerlich, sondern meiner Ansicht nach auch aus gesundheitlichen Gründen bedenklich. Damit nicht noch weitere Verbraucher einem gesundheitlichen Risiko ausgesetzt werden, bitte ich Sie, geeignete Maßnahmen zu ergreifen.

Mit freundlichen Grüßen

....
Ort, Datum und Unterschrift

Wettbewerbsrechtliche Verstöße

▸ Beschwerde bei der Verbraucherzentrale wegen Verstoß gegen das UWG (Werbung mit nicht vorhandenen Sonderangeboten)

Manchmal versuchen Händler Verbraucher mit **»Lockvogelangeboten«** geschickt zu täuschen. Dabei wird eine Ware als Sonderangebot werbemäßig besonders herausgestellt, jedoch nur in einer ganz geringen Menge den Kunden angeboten. Auf diese Weise hoffen die Händler, Kunden anzulocken, die, wenn sie schon einmal das Geschäft aufgesucht haben, auch andere teurere Waren einkaufen (nachdem sie festgestellt haben, daß das erhoffte Sonderangebot schon vergriffen ist). **Solche Werbemethoden verstoßen gegen das Gesetz gegen den unlauteren Wettbewerb (UWG)**, da der angesprochene Kundenkreis erwarten kann, daß der Werbende alles ihm Mögliche getan hat, um einen genügenden Warenvorrat anbieten zu können (*Oberlandesgericht Hamburg,* Urteil vom 25.10.1994–4 U 51/94, GRUR 1995, S. 221).

Muster 59 Nicht vorhandene Sonderangebote

...

An die Verbraucherzentrale ....

Beschwerde

Sehr geehrte Damen und Herren,

aufgrund folgenden Vorfalls möchte ich mich über das Einzelhandelsgeschäft .... beschweren:

Beispiel:
Am .... entnahm ich einem Zeitungsinserat, daß das Einzelhandelsgeschäft... eine Bohrmaschine der Marke .... Typ .... zum Preis von 20,– DM für den kommenden Montag anbot. Da mich die Bohrmaschine sehr interessierte, suchte ich sogleich am Montagmorgen das besagte Geschäft auf. Dort teilte man mir mit, daß schon alle 20 Bohrmaschinen, auf die sich das Sonderangebot bezog, verkauft seien, jedoch gäbe es auch eine andere sehr gute Bohrmaschine in ihrem Warensortiment zum Preis von 120,– DM.

Ich halte die geschilderte Werbemethode des genannten Geschäftes für unzulässig. Nach einer Entscheidung des *Oberlandesgerichts Hamm* vom 25.10.1994 (4 U 51/94, GRUR 1995, S. 221) stellt eine Werbung mit einem Sonderangebot, ohne Hinweis auf einen geringen Vorrat, ein irreführendes Lockvogelangebot dar.

Ich bitte Sie daher, gegen die geschilderte Werbemethode einzuschreiten.

Mit freundlichen Grüßen

....
Ort, Datum und Unterschrift

▶ Beschwerde beim Gewerbeaufsichtsamt wegen Verstoß gegen Preisangabe-VO

Damit Verbraucher die Angebote besser vergleichen können, sind nach der Preisangabenverordnung vom 14.3.1985 **Einzelhändler** in der Regel **verpflichtet**, ihre **Ware mit einem Preis auszuzeichnen**. Eine Ausnahme wird z.B. nur bei Antiquitäten oder vom Freiland unmittelbar verkauften Pflanzen gemacht.

Die ausgestellte Ware muß durch einen Aufkleber, Aufdruck oder durch ein in der unmittelbaren Nähe aufgestelltes Preisschild mit einer Preisangabe versehen sein. **Bei** der **Nichtangabe von Preisen** besteht für den Verbraucher das Risiko, mit überzogenen Preisen überrascht zu werden. Insoweit besteht hier die **Möglichkeit, sich beim Gewerbeaufsichtsamt zu beschweren.**

Muster 60 Verstoß gegen Preisangabe-VO

...

An das Gewerbeaufsichtsamt ....

Beschwerde

Sehr geehrte Damen und Herren,

mit vorliegendem Schreiben möchte ich mich über das Geschäft .... in .... wegen Verstoßes gegen die Preisangabenverordnung beschweren.

Beispiel:
Im Schaufenster des genannten Geschäftes waren am .... nur 2 Schuhpaare mit Preisen ausgezeichnet, bei den übrigen Schuhen fehlte jegliche Angabe über den Preis.

Meiner Ansicht nach liegt hier ein Verstoß gegen die Preisangabenverordnung vor. Mir und vielen anderen Verbrauchern wird dadurch jede Vergleichsmöglichkeit genommen. Ich bitte Sie daher, gegen den genannten Verstoß vorzugehen und geeignete Maßnahmen zu treffen.

Mit freundlichen Grüßen

....

Ort, Datum und Unterschrift

Handelsvertreter

Handelsvertreter **haben leider nicht immer** bei ihren Verkaufsverhandlungen die **Bedürfnisse des Verbrauchers im Blickfeld**. Vielmehr werden Verbraucher zum Kauf von Gegenständen überredet, die für den einzelnen nicht verwendbar sind.

Adresse

Bei Beschwerden sollte man sich direkt an die Centralvereinigung Deutscher Handelsvertreter- und Handelsmakler-Verbände (CDH), Geleniusstr. 1, 50931 Köln (Fax 0221–525767) wenden.

Muster 61 Beschwerde über Handelsvertreter

...
An die Centralvereinigung
Deutscher Handelsvertreter- und
Handelsmakler-Verbände (CDH)
Geleniusstr. 1

50931 Köln

Beschwerde

Sehr geehrte Damen und Herren,

mit vorliegendem Schreiben möchte ich mich über den Handelsvertreter, Herrn .... (Name und Adresse), der für die Firma .... in .... tätig ist, beschweren.

Beispiel:
Am .... suchte Herr .... unsere 80jährige Mutter auf und verkaufte ihr einen Staubsauger. In dem davor stattgefundenen Verkaufsgespräch hatte unsere Mutter mehrfach darauf hingewiesen, daß sie keinen Staubsauger bräuchte, da sie erst vor einem Jahr einen solchen erworben habe. Letztendlich brachte Herr .... unsere Mutter jedoch dazu, einen Kaufvertrag zu unterschreiben.

Das Auftreten von Herrn .... ist unserer Ansicht nach nicht gerade zuträglich für den Ruf der Handelsvertreter.

Wir bitten Sie daher, im Rahmen Ihrer Verbandstätigkeit gegen das beschriebene unseriöse Handeln des Herrn .... einzuschreiten.

Mit freundlichen Grüßen

....

Ort, Datum und Unterschrift

12. Makler

Maklerprovision

In Zeiten der Wohnungsknappheit werden Wohnungssuchende oft mit hohen Maklerprovisionen konfrontiert. Wissenswert für den Betroffenen ist hierbei, daß nach dem Wohnungsvermittlungsgesetz (WoVermittG) nicht in jedem Fall und nicht jede Person berechtigt ist, eine Provision einzufordern. Gemäß § 2 WoVermittG besteht ein **Anspruch** auf Maklerprovision für den Nachweis über Wohnräume nur, **wenn infolge des Nachweises ein Mietvertrag zustande gekommen ist.** Für die Fortsetzung, Verlängerung oder Erneuerung eines Mietvertrages besteht kein Provisionsanspruch, § 2 Abs. 2 Nr. 1 WoVermittG. Weiterhin haben Personen, die **Eigentümer**, **Verwalter**, **Mieter** oder **Vermieter** der Wohnräume sind, **keinen Anspruch** auf Maklerprovision, § 2 Abs. 2 Nr. 2 WoVermittG. Wird dennoch eine Vereinbarung über die Maklerprovision getroffen, so kann der Betroffene die Zahlung verweigern, da die Vereinbarung gemäß § 2 Abs. 5 WoVermittG unwirksam ist.

Zu beachten ist weiterhin, daß die an den Makler zu zahlende Provision nach § 3 WoVermittG **maximal 2 Monatsmieten** betragen darf.

Muster 62 Verweigerung der Maklerprovision

...

Sehr geehrte Frau / Herr ....,

am .... haben Sie mir eine 3-Zimmer-Wohnung in der ....-Straße Nr. ..... in .... vermittelt.

Dabei vereinbarten Sie mit mir, daß ich Ihnen für die Vermittlung der Wohnung eine Provision von 3 Monatsmieten bezahlen werde. Diese Vereinbarung ist unwirksam. Gemäß § 3 WoVermittG darf die zu zahlende Maklerprovision maximal 2 Monatsmieten betragen.

Wie ich in Erfahrung bringen konnte, sind Sie Verwalter des Mietshauses in der ....- Straße. Nach § 2 Abs. 2 Nr. 2 WoVermittG steht einem Wohnungsvermittler kein Provisionsanspruch zu, wenn er Verwalter der Wohnräume ist, eine dahingehende Vereinbarung ist unwirksam.

Zu einer Zahlung der vereinbarten Maklerprovision bin ich daher nicht bereit.

Mit freundlichen Grüßen

....

Ort, Datum und Unterschrift

Verstoß gegen § 3 WoVermittG

Nach § 8 Abs. 1 Nr. 2 WoVermittG handelt **ordnungswidrig**, wer sich entgegen der Regelung des § 3 WoVermittG eine **Provision** versprechen läßt, **die zwei Monatsmieten zuzüglich der gesetzlichen Umsatzsteuer übersteigt**. Liegt ein solcher Verstoß vor, so sollte sich der Betroffene an das **Gewerbeaufsichtsamt** wenden.

Muster 63 Verstoß gegen § 3 WoVermittG

...

An das Gewerbeaufsichtsamt ....

Sehr geehrte Damen und Herren,

im Mai dieses Jahres suchte ich eine 3-Zimmer-Wohnung. Diesbezüglich rief ich aufgrund eines Zeitungsinserates bei Herrn .... (Name und Adresse) an. Herr .... vermittelte mir daraufhin eine 3-Zimmer-Wohnung in der ....-Straße Nr. ..... in ....

Dabei vereinbarte er mit mir, daß ich ihm für die Vermittlung der Wohnung eine Provision von 4 Monatsmieten zahlen soll.
Wie ich nunmehr festgestellt habe, verstößt eine solche Vereinbarung gegen § 3 WoVermittG und stellt nach § 8 WoVermittG eine Ordnungswidrigkeit dar.

Ich bitte Sie daher, das unseriöse Verhalten von Herrn .... rechtlich zu bewerten und insoweit dagegen vorzugehen.

Mit freundlichen Grüßen

....

Ort, Datum und Unterschrift

13. Vermieten

Vertragswidriger Gebrauch

▸ Abmahnung und Kündigung

Die **Hauptpflicht** des **Vermieters** besteht darin, dem Mieter die **Mietsache zu dem vertraglich vereinbarten Zweck zu überlassen**, § 535 BGB. Der **vertragsgemäße Gebrauch** ergibt sich **aus** dem **Mietvertrag und** der **Verkehrsanschauung**. Der Mieter ist jedoch nicht zum vertragswidrigen Gebrauch berechtigt. In folgenden Fällen wurde in der Rechtsprechung z.B. ein vertragswidriger Gebrauch angenommen:

- **Unbefugte Gebrauchsüberlassung** (*Bayerisches Oberstes Landgericht*, ZMR 1995, S. 301; *Oberlandesgericht Hamburg*, Urteil vom 17.12. 1981–4 U 130/81, NJW 1982, S. 1157)
- **Bauliche Veränderung der Mietsache** (*Bundesgerichtshof*, Urteil vom 26.6.1974 – VIII 43/73, NJW 1974, S. 1463)
- **Betrieb eines bordellartigen Etablissements** in vermieteten Wohnräumen (*Amtsgericht Mönchengladbach*, ZMR 1993, S. 171)
- Benutzung von Räumen, die für **gewerbliche Zwecke** angemietet worden sind, durch **ständiges Bewohnen** (*Oberlandesgericht Düsseldorf*, NJW-RR 1987, S. 1370)

Gebraucht der Mieter die Mietsache vertragswidrig und werden die **Rechte des Vermieters** in erheblichem Maße **verletzt**, so kann der Vermieter gegenüber dem Mieter auf **Unterlassung klagen** oder ihm **fristlos kündigen**, §§ 550, 553 BGB.

Voraussetzung für eine **fristlose Kündigung** ist eine **Abmahnung** durch den Vermieter. Die Abmahnung muß sich **immer an den Mieter** richten, auch wenn der vertragswidrige Gebrauch von einem Dritten ausgeübt wird. In der Abmahnung muß der vertragswidrige Gebrauch **konkret bezeichnet** werden und eine **Kündigung** bei Fortsetzung des vertragswidrigen Gebrauchs **angedroht** werden.

▸ Abmahnung bei unerlaubter Untervermietung

Der Mieter ist grundsätzlich **nicht berechtigt**, ohne Erlaubnis des Vermieters **die Mieträume einem Dritten zu überlassen** bzw. weiterzuvermieten, § 549 BGB. Sollte der Mieter daher die Wohnräume an Dritte untervermieten, so kann der **Vermieter** den Mieter **abmahnen** und bei fortgesetzter Untervermietung **fristlos kündigen**.

Eine **Ausnahme** besteht jedoch dann, wenn der Mieter ein **berechtigtes Interesse** daran hat, einen Teil des Wohnraums einem Dritten zum Gebrauch zu überlassen (s. hierzu Muster 70, Einverständniserklärung zur Untervermietung, S. 147).

Zu beachten ist, daß **bei** einer **Verweigerung** zur Untervermietung für den **Mieter das Recht** besteht, das **Mietverhältnis** unter Einhaltung der gesetzlichen Frist **zu kündigen** (s. Muster 64, S. 139).

▸ Fristlose Kündigung bei unerlaubter Untervermietung

Setzt der **Mieter** den **vertragswidrigen Gebrauch** der Mietsache **trotz Abmahnung fort**, so hat der Vermieter das Recht zur **fristlosen Kündigung** des Mietverhältnisses. Mit der Kündigung endet das Mietverhältnis zu dem in der Kündigung angegebenen Zeitpunkt.

Muster 64 Unerlaubte Untervermietung

...

Abmahnung

Sehr geehrte/r Herr/Frau ....,

am .... (Datum des Vertragsabschlusses) haben Sie mit mir einen Mietvertrag bezüglich der Wohnräume in der ....-Straße Nr. ..... in .... (Ort) geschlossen.

Nunmehr habe ich in Erfahrung gebracht, daß Sie die Wohnräume nicht selbst nutzen, sondern an Dritte weitervermietet haben. An einer Weitervermietung ohne eigene Nutzung haben Sie kein berechtigtes Interesse. Die Weitervermietung stellt daher einen vertragswidrigen Gebrauch dar.

Sollten Sie weiterhin unberechtigt die angemieteten Räume an Dritte untervermieten, werde ich das Mietverhältnis fristlos kündigen.

Mit freundlichen Grüßen

....

Ort, Datum und Unterschrift

Hinweis

Sollte der Mieter **trotz der Kündigung die Wohnung weiter nutzen**, so bestimmt § 568 Satz 1 BGB, daß das Mietverhältnis auf unbestimmte Zeit verlängert wird, sofern der Vermieter der Fortset-

Muster 65 Fristlose Kündigung

...

Fristlose Kündigung

Sehr geehrte/r Frau/Herr ....,

mit Schreiben vom .... habe ich Sie wegen unerlaubter Untervermietung abgemahnt. Trotz der Abmahnung haben Sie die Untervermietung fortgesetzt.

Ich kündige Ihnen deshalb den zwischen uns bestehenden Mietvertrag über die Wohnung:

Ort: ....
Straße, Nr. ....
Geschoß: ....
Bestehend aus: ....

fristlos.

Ich fordere Sie auf, für die Räumung der Wohnung Sorge zu tragen und die Wohnung in vertragsmäßigem Zustand mit sämtlichen Schlüsseln an mich herauszugeben.

Sollten Sie die Wohnung nicht bis zum .... geräumt haben, werde ich Räumungsklage erheben.

Einer Fortsetzung des Mietverhältnisses widerspreche ich schon jetzt gemäß § 568 BGB.

Mit freundlichen Grüßen

....
Ort, Datum und Unterschrift

Muster 66 Nutzung von Gewerberäumen zum Wohnen

...

Abmahnung

Sehr geehrte/r Herr/Frau ....,

am .... (Datum des Vertragsabschlusses) haben Sie mit mir einen Mietvertrag bezüglich der Büroräume in der ....-Straße Nr. ..... in .... (Ort) geschlossen.

Im Mietvertrag wurde aufgenommen, daß Sie die Räume als Büro nutzen. Nunmehr habe ich in Erfahrung bringen müssen, daß Sie in den Räumen auch wohnen. Die Nutzung von gewerblich angemieteten Räumen zu wohnlichen Zwecken stellt einen vertragswidrigen Gebrauch dar (*Oberlandesgericht Düsseldorf,* Urteil vom 18.3.1987, Aktenzeichen 15 U 183/86).

Sollten Sie weiterhin die angemieteten Räume zu wohnlichen Zwecken benutzen, werde ich das Mietverhältnis fristlos kündigen.

Hochachtungsvoll

....

Ort, Datum und Unterschrift

zung nicht innerhalb 2 Wochen widerspricht. Deshalb **empfiehlt** es sich, eine **Widerspruchsklausel in das fristlose Kündigungsschreiben** aufzunehmen.

Fristlose Kündigung wegen Nutzung von Gewerberäumen zum Wohnen

Setzt der Mieter den vertragswidrigen Gebrauch der Mietsache trotz Abmahnung fort, so hat der Vermieter das Recht zur fristlosen Kündigung des Mietverhältnisses.

Muster 67 Fristlose Kündigung

...

Fristlose Kündigung

Sehr geehrte/r Frau/Herr ....,

mit Schreiben vom .... habe ich Sie wegen vertragswidriger Nutzung des von Ihnen angemieteten Büros abgemahnt. Trotz der Abmahnung haben Sie weiterhin das Büro als Wohnung benutzt.

Ich kündige Ihnen deshalb den zwischen uns bestehenden Mietvertrag über die Räumlichkeiten:

Ort: ....
Straße, Nr. ....
Geschoß:................................
Bestehend aus: ....

fristlos.

Ich fordere Sie auf, für die Räumung des Büros Sorge zu tragen und es in vertragsmäßigem Zustand mit sämtlichen Schlüsseln an mich herauszugeben.

Sollten Sie die Räumlichkeiten nicht bis zum .... geräumt haben, werde ich Räumungsklage erheben.

Einer Fortsetzung des Mietverhältnisses widerspreche ich schon jetzt gemäß § 568 BGB.

Mit freundlichen Grüßen

....

Ort, Datum und Unterschrift

Abmahnung bei baulicher Veränderung des Mietobjekts

Der Mieter ist **zu baulichen Veränderungen grundsätzlich nicht berechtigt**. Darunter fällt nicht die ordentliche, vertragsgemäße Nutzung, wie z.B. das Anbohren von Fliesen oder das Anbringen von Dübeln. **Nicht erlaubt** sind **Eingriffe in die Bausubstanz**, wie etwa Mauerdurchbrüche, Veränderungen der Außenfassade oder die Entfernung fester Trennwände (*Bundesgerichtshof*, Urteil vom 26.6.1974 – VIII ZR 43/73, NJW 1973, S. 1463). Diese Veränderungen stellen einen **vertragswidrigen Gebrauch** dar, der den Vermieter berechtigt, **Wiederherstellung** des ursprünglichen Zustandes oder gegebenenfalls **Schadensersatz** zu verlangen, bzw. dem Mieter nach Abmahnung zu **kündigen**.

Muster 68 Bauliche Veränderungen

...

Abmahnung

Sehr geehrte/r Herr/Frau ....,

am .... (Datum des Vertragsabschlusses) haben Sie mit mir einen Mietvertrag bezüglich der Wohnräume

Ort: ....
Straße, Nr. ....
Geschoß: ....
Bestehend aus: ....

geschlossen.

Nunmehr habe ich in Erfahrung gebracht, daß Sie die Wohnräume baulich verändert haben, indem Sie einen Durchbruch von der Küche in das Wohnzimmer vorgenommen haben. Damit bin ich nicht einverstanden und fordere Sie deshalb auf, die bauliche Veränderung rückgängig zu machen und den ursprünglichen Zustand wiederherzustellen.

Sollten Sie dieser Aufforderung nicht bis zum .... nachkommen, werde ich das Mietverhältnis fristlos kündigen. Die Geltendmachung von Schadensersatz bleibt vorbehalten.

Mit freundlichen Grüßen

....

Ort, Datum und Unterschrift

Muster 69 Fristlose Kündigung

...

Fristlose Kündigung

Sehr geehrte ....

mit Schreiben vom .... habe ich Sie aufgefordert, die baulichen Veränderungen in der von Ihnen angemieteten Wohnung

Ort: ....
Straße, Nr. ....
Geschoß: ....
Bestehend aus: ....

zu beseitigen. Trotz dieser Abmahnung sind Sie dem nicht nachgekommen.

Deshalb kündige ich Ihnen hiermit den mit Ihnen am .... (Datum des Vertragsabschlusses) geschlossenen Mietvertrag über oben genannte Wohnung fristlos.

Ich fordere Sie auf, für die Räumung der Wohnung Sorge zu tragen und die Wohnung in vertragsgemäßen Zustand zu versetzen und mit sämtlichen Schlüsseln an mich herauszugeben.

Sollten Sie die Wohnung nicht bis zum .... geräumt haben, werde ich Räumungsklage erheben. Wenn Sie die baulichen Veränderungen nicht bis zur Übergabe der Wohnung beseitigt und den ursprünglichen Zustand wiederhergestellt haben sollten, werde ich einen Handwerker mit den Arbeiten beauftragen und Ihnen die anfallenden Kosten in Rechnung stellen.

Einer Fortsetzung des Mietverhältnisses widerspreche ich schon jetzt gemäß § 568 BGB.

Mit freundlichen Grüßen

....

Ort, Datum und Unterschrift

Untervermietung

Grundsätzlich braucht der Vermieter eine **Untervermietung** durch den Mieter **nicht zu dulden,** § 549 BGB. Eine **Ausnahme** besteht jedoch dann, wenn der Mieter ein **berechtigtes Interesse** daran hat, einen Teil des Wohnraums einem Dritten zum Gebrauch zu überlassen. Ein berechtigtes Interesse liegt z.B. bei der **Aufnahme von Familienangehörigen** oder **nichtehelichen Lebenspartnern** vor. Besteht ein berechtigtes Interesse, kann der Mieter vom Vermieter die Erlaubnis zur Untervermietung verlangen. Der Vermieter kann die **Erlaubnis zur Untervermietung** von dem Einverständnis des Mieters mit einer **angemessenen Mieterhöhung** abhängig machen. Damit soll dem Vermieter ein **Ausgleich für die erhöhte Abnutzung** der Wohnung eingeräumt werden.

Der Vermieter ist **zur Verweigerung** der Erlaubnis zur Untervermietung nur **berechtigt,** wenn in der Person des Dritten ein **wichtiger Grund** (persönliche Feindschaft zwischen Vermie-

Muster 70 Einverständniserklärung zur Untervermietung

...

Einverständniserklärung zur Untervermietung

Sehr geehrte/r Frau/Herr ....,

hiermit erteile ich Ihnen das Einverständnis zur Untervermietung der Räume .... in der von Ihnen angemieteten Wohnung an Herrn/Frau ....

Das Einverständnis erfolgt unter der Bedingung, daß Sie sich mit einer Erhöhung des Mietzinses um monatlich .... DM ab dem .... (Datum des Beginns der Untervermietung) einverstanden erklären.

Mit der Mieterhöhung soll die erhöhte Abnutzung der Wohnung ausgeglichen werden. In der Anlage übersende ich Ihnen eine vorbereitete Einverständniserklärung, die Sie bitte unterschrieben bis zum... an mich übersenden.

Mit freundlichen Grüßen

....

Ort, Datum und Unterschrift

Anlage: Einverständniserklärung

tern und Drittem) (*Stürzer/Koch,* Vermieterlexikon, U 5) vorliegt, der Wohnraum übermäßig belegt würde oder die Überlassung dem Vermieter aus sonstigen Gründen nicht zugemutet werden kann (z.B. wenn das Vertragsverhältnis ohnehin demnächst endet), § 549 BGB.

Muster 70a Einverständniserklärung zur Mieterhöhung bei Untervermietung

> ...
>
> **Einverständniserklärung zur Mieterhöhung**
>
> Sehr geehrte/r Frau/Herr ....
>
> hiermit erteile ich Ihnen das Einverständnis zu der von Ihnen verlangten Mieterhöhung um monatlich .... DM ab dem .... wegen der erhöhten Abnutzung aufgrund der Untervermietung.
>
> Mit freundlichen Grüßen
>
> ....
>
> (Ort, Datum und Unterschrift)

Zahlungsverzug

Die **Hauptpflicht** des **Mieters** besteht darin, dem Vermieter den **vereinbarten Mietzins** zu zahlen. Für die Zahlung ist eine bestimmte Zeit nach dem Kalender maßgebend. **Zahlt der Mieter** verschuldet **nicht termingerecht**, so kommt er ohne Mahnung in **Verzug**.

Muster 71 Zahlungsaufforderung

...

Mahnung

Sehr geehrte/r Frau/Herr ....,

am .... schlossen Sie mit mir einen Mietvertrag über die Wohnung

Ort: ....
Straße, Nr. ....
Geschoß: ....
Bestehend aus: ....

In dem Mietvertrag vereinbarten wir eine wöchentliche/monatliche Mietzahlung in Höhe von .... DM.

Die letzte Miete, die am .... fällig gewesen wäre, haben Sie nicht bezahlt. Ich fordere Sie auf, unverzüglich den Mietrückstand auszugleichen.

Sollten Sie weiterhin Ihrer Mietzahlungspflicht nicht nachkommen, werde ich das Mietverhältnis fristlos kündigen.

Mit freundlichen Grüßen

....
(Ort, Datum und Unterschrift)

Kündigung

Der Verzug hat zur Folge, daß der Vermieter das Mietverhältnis **fristlos kündigen** kann, § 554 BGB. Hierbei muß der Mieter entweder:

Muster 72 Fristlose Kündigung

...

Fristlose Kündigung

Sehr geehrte/r Frau/Herr ....,

hiermit kündige ich Ihnen fristlos das mit Ihnen bestehende Mietverhältnis über die Wohnräume

Ort: ....
Straße, Nr. ....
Geschoß: ....
Bestehend aus: ....

wegen Zahlungsverzugs, § 554 BGB.

Sie haben für die Monate .... und .... den vereinbarten Mietzins nicht entrichtet und sind damit für zwei aufeinanderfolgende Termine mit der Entrichtung des Mietzinses bzw. eines nicht unerheblichen Teils des Mietzinses im Verzug.

Die Gesamtrückstände betragen DM ....

Ich fordere Sie auf, für die Räumung der Wohnung Sorge zu tragen und die Wohnung in vertragsgemäßem Zustand mit sämtlichen Schlüsseln sofort an mich herauszugeben.

Sollten Sie die Wohnung nicht bis zum .... geräumt haben, werde ich Räumungsklage erheben.

Einer Fortsetzung des Mietverhältnisses widerspreche ich schon jetzt gemäß § 568 BGB.

Mit freundlichen Grüßen

....

Ort, Datum und Unterschrift

- für **zwei aufeinanderfolgende Termine** mit der Entrichtung des Mietzinses oder eines nicht unerheblichen Teils davon in Verzug gekommen sein oder
- in einem Zeitraum, der sich über mehr als zwei Termine erstreckt, mit der Entrichtung des **Mietzinses in Höhe** eines Betrages in Verzug gekommen sein, der den Mietzins **für zwei Monate** erreicht.

Hat der Mieter erst an einem Termin keinen Mietzins entrichtet, so kann der Vermieter ihn zur Zahlung auffordern.

▸ Abmahnung bei wiederholter unpünktlicher Mietzahlung

Zahlt der Mieter häufig seine Miete verspätet, so besteht nach der Rechtsprechung für den Vermieter ein Kündigungsrecht, wenn er den Mieter zuvor erfolglos abgemahnt hat (*Landgericht Berlin*, Urteil vom 27.8.1987–61 S 169/87, MDR 1988, S. 55).

Muster 73 Unpünktliche Mietzahlung

...

Abmahnung

Sehr geehrte/r Frau/Herr ....

am .... schlossen Sie mit mir einen Mietvertrag über die Wohnung / das Haus

Ort: ....
Straße, Nr. ....
Geschoß: ....
Bestehend aus: ....

In dem Mietvertrag vereinbarten wir eine monatliche Mietzahlung in Höhe von .... DM. Der Mietzins ist nach dem Mietvertrag jeweils am 3. Werktag des Monats fällig. In den letzten Monaten haben Sie die Mietzahlungen unpünktlich geleistet.

So erfolgt vielfach eine Zahlung erst Mitte des Monats.

Für den Monat .... zahlten Sie Ihre Miete erst am ....,

für den Monat .... erfolgte eine Zahlung erst am ....,

für den Monat .... am ....
und

für den Monat .... am ....

Nach der Rechtsprechung stellen wiederholte unpünktliche Mietzahlungen einen fristlosen Kündigungsgrund dar. Sollte es daher weiterhin zu verspäteten Mietzinszahlungen kommen, werde ich Ihnen das Mietverhältnis fristlos kündigen.

Mit freundlichen Grüßen

....
Ort, Datum und Unterschrift

Muster 74 Fristlose Kündigung

...

Fristlose Kündigung

Sehr geehrte/r Frau/Herr ....,

hiermit kündige ich Ihnen fristlos das mit Ihnen bestehende Mietverhältnis über die .....-Zimmer-Wohnung/das Haus

Ort: ....
Straße, Nr. ....
Geschoß: ....
Bestehend aus: ....

wegen wiederholter verspäteter Mietzinszahlung.

Sie haben für folgende Monate den vereinbarten Mietzins nicht vertragsgerecht am 3. Werktag des Monats, sondern, wie folgt, verspätet entrichtet:

Für den Monat .... erfolgte eine Zahlung erst am ....

Für den Monat .... erfolgte eine Zahlung erst am ....

Für den Monat .... erfolgte eine Zahlung erst am ....

Für den Monat .... erfolgte eine Zahlung erst am ....

Für den Monat .... erfolgte eine Zahlung erst am ....

Obwohl ich Sie mit Schreiben vom .... wegen der verspäteten Mietzahlung abgemahnt habe und Ihnen eine fristlose Kündigung androhte, haben Sie die Miete weiterhin verspätet gezahlt.

Die Miete für den Monat .... zahlten Sie erst am ....

Ich fordere Sie auf, für die Räumung der Wohnung Sorge zu tragen und die Wohnung in vertragsgemäßem Zustand und mit sämtlichen Schlüsseln sofort an mich herauszugeben.

Sollten Sie die Wohnung nicht bis spätestens zum .... geräumt haben, werde ich unverzüglich Räumungsklage erheben.

Einer Fortsetzung des Mietverhältnisses widerspreche ich schon jetzt gemäß § 568 BGB.

Mit freundlichen Grüßen

....

Ort, Datum und Unterschrift

▸ Geltendmachung des Vermieterpfandrecht, §559 BGB

Für seine **Forderungen, insbesondere** für die **Mietzahlungen**, hat der Vermieter an den eingebrachten und pfändbaren Gegenständen des Mieters ein **gesetzliches Pfandrecht** nach §559 BGB. Gerät der Mieter in Zahlungsverzug oder zahlt er wiederholt verspätet, so kann der Vermieter sein **Vermieterpfandrecht** geltend machen. Zu beachten ist, daß sich das Pfandrecht nicht auf unpfändbare Sachen beziehen kann, wie z.B. auf ein Radio, Haustier oder einen Kühlschrank.

Muster 75 Vermieterpfandrecht

...

Vermieterpfandrecht

Sehr geehrte/r Frau/Herr ....

am .... haben Sie mit mir einen Mietvertrag über die Wohnung / das Haus

Ort: ....
Straße, Nr. ....
Geschoß: ....
Bestehend aus: ....

geschlossen.

In dem Mietvertrag vereinbarten wir eine monatliche Mietzahlung in Höhe von .... DM, fällig zum 3. Werktag eines jeden Monats.

Wie ich nun jedoch feststellen mußte, kamen Sie in den letzten Monaten Ihrer Zahlungspflicht jeweils erst verspätet nach. Die letzte Miete, die am .... fällig geworden ist, haben Sie überhaupt nicht gezahlt.

Ich fordere Sie daher auf, unverzüglich die noch ausstehende Miete zu begleichen. Zudem mache ich mein Vermieterpfandrecht geltend. Gemäß §§ 559 ff. BGB dürfen Sie die von Ihnen in die Wohnung eingebrachten und pfändbaren Gegenstände nicht mehr aus den Mieträumen herausschaffen.

Mit freundlichen Grüßen

....
Ort, Datum und Unterschrift

Mietpreiserhöhung

Regelungen über die **Mieterhöhung** bei Wohnraum finden sich im **Miethöheregelungsgesetz** (MHG). Danach kann der Vermieter bei freifinanzierten Wohnungen den **ortsüblichen Mietzins** fordern, wenn die Erhöhung nicht vertraglich ausgeschlossen wurde. Für eine **Mieterhöhung bedarf** es jedoch der **Zustimmung des Mieters**.

Voraussetzung

Der **Vermieter kann** nach § 2 MHG die **Zustimmung** des Mieters zu einer Mieterhöhung **verlangen**, wenn

- die Miete seit **einem Jahr** unverändert ist,
- die **neue Miete** die **üblichen Entgelte nicht übersteigt**, die in der Gemeinde oder in vergleichbaren Gemeinden für nicht preisgebundenen Wohnraum vergleichbarer Art, Größe, Aus-

stattung, Beschaffenheit und Lage in den letzten 4 Jahren vereinbart worden sind und
- der Mietzins sich innerhalb eines Zeitraums von 3 Jahren nicht um mehr als 30 % bzw. 20 % (bei Wohnraum, der vor dem 1.1.1981 fertiggestellt wurde) erhöht hat.

▶ **Adressat und Empfänger des Mieterhöhungsverlangens**

Zu beachten ist, daß das **Mieterhöhungsverlangen** von allen Vermietern **gegenüber allen Mietern erklärt** und **schriftlich begründet** werden muß. Ein nur an einen Mieter gerichtetes Erhöhungsverlangen ist unwirksam (*Oberlandesgericht Celle*, OLGZ 1982, 254).

Hinweis

Beim Kauf eines Grundstücks steht dem Erwerber der **Anspruch auf Mieterhöhung** nach § 2 MHG erst **mit Eintritt in das Mietverhältnis** nach § 571 BGB, d.h. mit Grundbucheintragung zu, was meistens übersehen wird.

Form

Das Mieterhöhungsverlangen ist nach § 2 Abs. 2 MHG i.V.m. § 126 BGB **schriftlich** geltend zu machen. Es muß vom Vermieter **eigenhändig unterschrieben** sein. Eine Ausnahme gilt nach § 8 MHG, wenn die Erklärung mittels einer automatischen Einrichtung gefertigt wurde.

▶ **Begründungspflicht**

Das **Mieterhöhungsverlangen** muß vom Vermieter **schriftlich** begründet werden. Eine Begründung kann erfolgen, indem
- auf einen Mietspiegel Bezug genommen wird,
- indem sich der Vermieter auf ein mit Gründen versehenes Gutachten eines öffentlich bestellten oder vereidigten Sachverständigen bezieht oder

- indem der Vermieter drei Vergleichswohnungen benennt.

▸ **Zustimmungs- und Klagefrist**

Fristen

Gemäß §2 MHG hat der Mieter **innerhalb 2 Monaten nach Zugang des Mieterhöhungsverlangens** diesem zuzustimmen. Erfolgt **innerhalb dieser Frist keine Zustimmung,** so kann der Vermieter innerhalb **weiterer 2 Monate** auf Zustimmung klagen.

▸ **Folgen der Zustimmung**

Erteilt der Mieter die Zustimmung zur Mieterhöhung, so **schuldet** er den **erhöhten Mietzins von dem Beginn des dritten Kalendermonats ab, der auf** den **Zugang** des **Erhöhungsverlangens folgt,** §2 Abs. 4 MHG.

▸ **Mieterhöhung durch Bezugnahme auf Mietspiegel**

Mietspiegel

Der Vermieter kann sein Mieterhöhungsverlangen durch Bezugnahme auf den **örtlichen Mietspiegel** begründen. Ein Mietspiegel stellt eine Übersicht über die **üblichen Mietzahlungen in einer Gemeinde** dar. Der Mietspiegel muß von der Gemeinde oder von Interessenvertretern der Vermieter und der Mieter **gemeinsam erstellt** oder **anerkannt** worden sein, §2 Abs. 2 MHG. Nicht für jede Gemeinde wurde bislang ein Mietspiegel erstellt.

Adressen

Für welche Gemeinden ein Mietspiegel aufgestellt wurde, kann man entweder beim

- Zentralverband der Deutschen Hauseigentümer e.V., Cecilienallee 45, 40474 Düsseldorf oder bei der
- Verlagsgesellschaft des Deutschen Mieterbundes mbH, Aachener Str. 311, 50931 Köln

erfahren.

Muster 76 Mieterhöhung – Mietspiegel

...

Mieterhöhung

Sehr geehrte/r Frau/Herr ....,

am .... haben Sie mit mir/uns einen Mietvertrag über die Wohnung

Ort: ....
Straße, Nr. ....
Geschoß: ....
Bestehend aus: ....

geschlossen.

Seit .... – also seit .... Jahren/ .... Monaten – bezahlen Sie hierfür einen Mietzins in Höhe von monatlich .... DM zuzüglich Nebenkosten.

Die gemietete Wohnung hat eine Wohnfläche von... qm.

Daraus ergibt sich eine Quadratmeter-Miete von monatlich ...... DM/qm.

Der Mietpreis entspricht nicht mehr der üblichen Miete für Wohnraum vergleichbarer Art, Größe, Ausstattung, Beschaffenheit und Lage. Insoweit nehme/n ich/wir auf den beigefügten Mietspiegel, der von der Stadt/ Gemeinde und von Interessenvertretern der Mieter und Vermieter gemeinsam erstellt worden ist, Bezug.

Aufgrund der im Mietspiegel aufgeführten Vergleichswerte bitte/n ich/wir Sie um Zustimmung zu einer Mieterhöhung

von monatlich .... DM/qm
um monatlich .... DM/qm
auf monatlich .... DM/qm

bzw. um Zustimmung auf Erhöhung der Gesamtmiete

von monatlich .... DM
um monatlich .... DM
auf monatlich .... DM.

Gemäß § 2 MHG müssen Sie die Zustimmungserklärung innerhalb von 2 Monaten ab Zugang dieses Mieterhöhungsschreibens abgeben. Wenn Sie der Mieterhöhung zustimmen, wird sie gemäß § 2 Abs. 4 MHG mit Beginn des dritten Kalendermonats wirksam, der auf den jetzigen Monat folgt, also ab: 1. ....

In der Anlage übersende/n ich/wir Ihnen einen Zustimmungsvordruck. Bitte übersenden Sie mir/uns den Vordruck unterschrieben zurück.

Mit freundlichen Grüßen

....
Ort, Datum und Unterschrift/en

Anlage: Zustimmung zur Mieterhöhung

Muster 76a Zustimmung zur Mieterhöhung

...

Zustimmung zur Mieterhöhung

Der verlangten Mieterhöhung ab dem 1. ....
von monatlich .... DM um monatlich
..... DM auf monatlich insgesamt ..... DM
bezüglich der Wohnung

Ort: ....
Straße, Nr. ....
Geschoß: ....
Bestehend aus: ....

stimme/n ich/wir zu.

Ich werde / Wir werden den geänderten Betrag pünktlich überweisen.

....
Ort, Datum und Unterschrift/en

▸ Mieterhöhung durch Bezugnahme auf ein Sachverständigengutachten

Eine weitere Möglichkeit, das Mieterhöhungsverlangen zu begründen, besteht für den Vermieter darin, daß er einen **öffentlich bestellten oder vereidigten Sachverständigen** mit der Erstellung eines **Gutachtens** beauftragt. Aus dem Gutachten muß hervorgehen, daß die neue Miete **ortsüblich** ist. Dieses Gutachten ist dem Mieterhöhungsschreiben beizufügen. Die Kosten für das Gutachten hat der Vermieter selbst zu zahlen.

Muster 77 Mieterhöhung – Sachverständigengutachten

...

Mieterhöhung

Sehr geehrte/r Frau/Herr ....,

am .... haben Sie mit mir/uns einen Mietvertrag über die Wohnung

Ort: ....
Straße, Nr. ....
Geschoß: ....
Bestehend aus: ....

geschlossen.

Seit .... – also seit .... Jahren/ .... Monaten – bezahlen Sie hierfür einen Mietzins in Höhe von monatlich .... DM zuzüglich Nebenkosten.

Die gemietete Wohnung hat eine Wohnfläche von ...... qm.

Daraus ergibt sich eine Quadratmeter-Miete von monatlich ...... DM/qm.

Der Mietpreis entspricht nicht mehr der üblichen Miete für Wohnraum vergleichbarer Art, Größe, Ausstattung, Beschaffenheit und Lage. Insoweit nehme/n ich/wir Bezug auf das beiliegende Gutachten des öffentlich bestellten/vereidigten Sachverständigen ....

Aufgrund der im Gutachten aufgeführten Vergleichswerte bitte/n ich/wir Sie um Zustimmung zu einer Mieterhöhung

von monatlich .... DM/qm
um monatlich .... DM/qm
auf monatlich .... DM/qm

bzw. um Zustimmung auf Erhöhung der Gesamtmiete

von monatlich ....DM
um monatlich .... DM
auf monatlich .... DM.

Gemäß § 2 MHG müssen Sie die Zustimmungserklärung innerhalb von 2 Monaten ab Zugang dieses Mieterhöhungsschreibens abgeben. Wenn Sie der Mieterhöhung zustimmen, wird sie gemäß § 2 Abs. 4 MHG mit Beginn des dritten Kalendermonats wirksam, der auf den jetzigen Monat folgt, also ab: 1. ....

In der Anlage übersende/n ich/wir Ihnen einen Zustimmungsvordruck. Bitte übersenden Sie mir/uns den Vordruck unterschrieben zurück.

Mit freundlichen Grüßen

....
Ort, Datum und Unterschrift/en

Anlage: Zustimmung zur Mieterhöhung

Anlage: Zustimmung zur Mieterhöhung
s. Muster 76a S. 161.

▶ Mieterhöhung durch Benennung von 3 Vergleichswohnungen

Der Vermieter kann sein Mieterhöhungsverlangen durch Benennung von **3 Vergleichswohnungen** begründen, bei denen der Mietzins der neu verlangten Miete entspricht. Dabei ist es **unbeachtlich, ob die Vergleichswohnungen dem Vermieter** selbst **oder einem anderen gehören.** Lage und Ort der Vergleichswohnungen sind genau anzugeben (Adresse, Geschoß und qm-Zahl).

Muster 78 Mieterhöhung – 3 Vergleichswohnungen

...

Mieterhöhung

Sehr geehrte/r Frau/Herr ....,

am .... haben Sie mit mir/uns einen Mietvertrag über die Wohnung

Ort: ....
Straße, Nr. ....
Geschoß: ....
Bestehend aus: ....

geschlossen.

Seit .... – also seit .... Jahren/ .... Monaten – bezahlen Sie hierfür einen Mietzins in Höhe von monatlich .... DM zuzüglich Nebenkosten.

Die gemietete Wohnung hat eine Wohnfläche von .... qm.

Daraus ergibt sich eine Quadratmeter-Miete von monatlich .... DM/qm.

Der Mietpreis entspricht nicht mehr der üblichen Miete für Wohnraum vergleichbarer Art, Größe, Ausstattung, Beschaffenheit und Lage. Insoweit nehme/n ich/wir Bezug auf folgende Vergleichswohnungen *(hier müssen mindestens drei genannt werden)*:

Beschreibung	Wohnung Nr. 1	Wohnung Nr. 2	Wohnung Nr. 3
Baujahr	....	....	....
Ort	....	....	....
Straße	....	....	....
Größe	....	....	....
Stockwerk	....	....	....
qm-Miete ohne Nebenkosten	....	....	....
Nebenkosten	....	....	....
Heizungsart	....	....	....
Zimmeranzahl	....	....	....
Ausstattung	....	....	....

Aufgrund der genannten Vergleichswerte bitte/n ich/wir Sie um Zustimmung zu einer Mieterhöhung

von monatlich ... DM/qm
um monatlich ... DM/qm
auf monatlich ... DM/qm

bzw. um Zustimmung auf Erhöhung der Gesamtmiete

von monatlich ... DM
um monatlich ... DM
auf monatlich ... DM.

Gemäß § 2 MHG müssen Sie die Zustimmungserklärung innerhalb von 2 Monaten ab Zugang dieses Mieterhöhungsschreibens abgeben. Wenn Sie der Mieterhöhung zustimmen, wird sie gemäß § 2 Abs. 4 MHG mit Beginn des dritten Kalendermonats wirksam, der auf den jetzigen Monat folgt, also ab: 1. ....

In der Anlage übersende/n ich/wir Ihnen einen Zustimmungsvordruck. Bitte übersenden Sie mir/uns den Vordruck unterschrieben zurück.

Mit freundlichen Grüßen

....
Ort, Datum und Unterschrift/en

Anlage: Zustimmung zur Mieterhöhung

Anlage: Zustimmung zur Mieterhöhung
s. Muster 76a S. 161.

Schönheitsreparaturen

Schönheitsreparaturen hat der **Vermieter** durchzuführen, da er verpflichtet ist, die Mietsache in einem vertragsgemäßen Zustand zu erhalten, § 536 BGB.

Zu den Schönheitsreparaturen gehören:
- Streichen und Tapezieren der Wände und Decken,
- Streichen der Heizkörper, der Innentüren und des Bodens

- Streichen der Außentüre und der Fenster von innen.

Praxis

Die Pflicht zu Schönheitsreparaturen wird jedoch häufig im Mietvertrag auf den **Mieter** abgewälzt. Der Umfang und die Häufigkeit der Renovierungspflicht des Mieters ergibt sich in einem solchen Fall **aus dem Mietvertrag.**

Fristen

Sind in dem Mietvertrag keine Bestimmungen hinsichtlich der Fälligkeit der Schönheitsreparaturen aufgenommen, so hält die Rechtsprechung (*Bundesgerichtshof* vom 1.7.1987 - VIII ARZ 9/86, BGHZ 101, 253) folgende **Renovierungsfristen** für angemessen:

- 3 Jahre für Küche, Bad und Dusche,
- 5 Jahre für Wohn- und Schlafräume, Flur, Diele und Toilette und
- 7 Jahre für andere Nebenräume.

Wurde im Mietvertrag vereinbart, daß der Mieter die Schönheitsreparaturen übernimmt, so hat er diese **nach Ablauf der vereinbarten Fristen unaufgefordert auszuführen.** Bemerkt der Vermieter beim Auszug des Mieters, daß dieser seiner **Renovierungspflicht** nicht nachgekommen ist, so sollte er ihn **zur Reparatur auffordern** und eine **Frist** setzen. Nach **Ablauf** der Frist kann der Vermieter die Schönheitsreparaturen **selbst ausführen** und die **entstandenen Kosten** dem Mieter in **Rechnung** stellen (s. Muster 79, S. 168).

Muster 79 Schönheitsreparaturen

...

Schönheitsreparaturen

Sehr geehrte/r Frau/Herr ....,

am .... endete das Mietverhältnis der von Ihnen gemieteten Wohnung

Ort: ....
Straße, Nr. ....
Geschoß: ....
Bestehend aus: ....

Anläßlich Ihres Auszuges habe/n ich/wir die Wohnung besichtigt. Bei der Wohnungsbesichtigung habe/n ich/wir festgestellt, daß in folgenden Räumen nachstehende Schönheitsreparaturen nicht durchgeführt wurden:

Raum: ....
Schönheitsreparatur: ....
Raum: ....
Schönheitsreparatur: ....

Im Mietvertrag haben Sie die Durchführung der Schönheitsreparaturen übernommen. Für die Ausführung der Schönheitsreparaturen setze/n ich/wir Ihnen daher gemäß § 326 eine Frist bis spätestens .... *(ungefähr drei Wochen)*.

Den Wohnungsschlüssel können Sie zu diesem Zweck jederzeit bei mir/uns abholen.

Sollten Sie die Ihnen gesetzte Frist verstreichen lassen, werde/n ich/wir nach Fristablauf die Durchführung der Schönheitsreparaturen durch Sie ablehnen und auf Ihre Kosten die Schönheitsreparaturen durchführen lassen. Die entstandenen Kosten werde/n ich/wir Ihnen als Schadensersatz in Rechnung stellen. Zu diesen Kosten zählt auch ein Gutachten, welches ich/wir anfertigen lassen werden, um den Zustand der Mieträume festzuhalten.

Mit freundlichen Grüßen

....

Ort, Datum und Unterschrift/en

Ordentliche Kündigung und Räumung

Gemäß § 564 b BGB setzt die ordentliche Kündigung von Wohnraum durch den Vermieter ein **berechtigtes Interesse** des Vermieters voraus. Eine abweichende Vereinbarung ist nach § 564 b Abs. 6 BGB unwirksam.

Berechtigtes Interesse

Ein berechtigtes Interesse ist nach § 564 b BGB bei folgenden Fällen gegeben:
- wenn der Mieter seine vertraglichen Verpflichtungen **schuldhaft nicht unerheblich** verletzt hat;
- wenn der Vermieter die Räume als Wohnung für sich, die zu seinem Hausstand gehörenden Personen oder seine Familienangehörigen benötigt **(Eigenbedarf)**;
- wenn der Vermieter durch die Fortsetzung des

Mietverhältnisses an einer angemessenen wirtschaftlichen Verwertung des Grundstücks gehindert ist und dadurch **erhebliche Nachteile** erleiden würde oder

- wenn der Vermieter nicht zum Wohnen bestimmte **Nebenräume** oder Teile eines Grundstücks dazu verwenden will, **Wohnraum** zum Zwecke der Vermietung **zu schaffen** oder den neu zu schaffenden und den vorhandenen Wohnraum mit Nebenräumen und Grundstücksteilen auszustatten und er die Kündigung auf diese Räume oder Grundstücksteile beschränkt.

▸ Kündigungsfristen

Die ordentlichen Kündigungsfristen bestimmen sich nach § 565 BGB. Danach ist die **kürzeste Kündigungsfrist** die **Dreimonatsfrist**. Diese Frist gilt für **alle Mietverhältnisse**, die **bis zu 5 Jahren** dauern. Bei einer Mietdauer von **mehr als 5 Jahren** beträgt die **Kündigungsfrist 6 Monate**, bei **mehr als 8 Jahren** beträgt die **Kündigungsfrist 9 Monate** und bei **mehr als 10 Jahren** beträgt sie **12 Monate**.

▸ Ordentliche Kündigung wegen Eigenbedarf

Eigenbedarf

Der **Vermieter** kann die gemietete Wohnung **kündigen**, wenn er zu Wohnzwecken die ganze **Wohnung für sich selbst**, für eine zu seinem **Hausstand gehörende Person** oder für einen **Familienangehörigen benötigt**, § 564 b Abs. 2 Nr. 2 BGB.

In dem **Kündigungsschreiben** hat der Vermieter die **Person zu nennen**, für die die Wohnung benötigt wird, und das **Interesse der Person** an der Wohnung **darzulegen**.

Muster 80 Kündigung wegen Eigenbedarfs

...

Kündigung

Sehr geehrte/r Frau/Herr ....,

hiermit kündige/n ich/wir Ihnen den zwischen uns bestehenden Mietvertrag bezüglich der ... -Zimmer-Wohnung/des Hauses

Ort: ....
Straße, Nr. ....
Geschoß: ....
Bestehend aus: ....

ordentlich zum .... oder zum nächstmöglichen Termin wegen Eigenbedarfs.

Die Wohnung benötige/n ich/wir aus folgendem Grund:

– Meine/Unsere Tochter / Mein/Unser Sohn .... wird ab dem .... in .... an der Universität .... studieren. Ich/Wir benötigen daher für meine/unsere Tochter/unseren/meinen Sohn die von Ihnen angemietete Wohnung als Unterkunft.

– Am .... ist unser Kind .... geboren. Zur Zeit bewohnen wir eine ..... -Zimmerwohnung. Da wir nun eine größere Wohnung benötigen, wollen wir die von Ihnen angemietete Wohnung selbst beziehen.

Nach § 556 a BGB können Sie der Kündigung widersprechen, wenn die Kündigung eine Härte für Sie bedeutet, die auch unter Würdigung meiner/unserer Interessen nicht zu rechtfertigen ist.

Ich/Wir wäre/n Ihnen dankbar, wenn Sie gegebenenfalls den Widerspruch möglichst bald erklären, damit ich mich/wir uns hierauf einrichten kann/können. Nach dem Gesetz müssen Sie zwei Monate vor Ende der Mietzeit den Widerspruch zugeschickt haben. Für den Fall eines Kündigungswiderspruches verlange/n ich/wir schon jetzt, mir/uns die Gründe des Widerspruchs unverzüglich mitzuteilen.

Rein vorsorglich widerspreche/n ich/wir der Fortsetzung des Mietgebrauchs gemäß § 568 BGB.

Mit freundlichen Grüßen

....

Ort, Datum und Unterschrift/en

▶ Räumungsaufforderung an den Mieter, § 568 BGB

Zieht der **Mieter** trotz ausgesprochener Kündigung nach Beendigung des Mietverhältnisses **nicht aus,** so muß der **Vermieter innerhalb von zwei Wochen** nach Beendigung des Mietverhältnisses dem Verbleiben des Mieters in der Wohnung **widersprechen.**

Erfolgt kein Widerspruch, so gilt nach § 568 BGB das Mietverhältnis auf unbestimmte Zeit verlängert.

Muster 81 Räumungsaufforderung

...

Räumung

Sehr geehrte/r Frau/Herr ....,

am .... habe/n ich/wir Ihnen das mit Ihnen bestehende Mietverhältnis bezüglich der...-Zimmer-Wohnung

Ort: ....
Straße, Nr. ....
Geschoß: ....
Bestehend aus: ....

fristgemäß zum .... gekündigt.

Trotz der Beendigung des Mietverhältnisses sind Sie aus der Wohnung nicht ausgezogen. Gemäß § 568 BGB widerspreche/n ich/wir hiermit der Fortsetzung des Mietgebrauchs und fordere/n Sie zur sofortigen Räumung auf.

Sollten Sie nicht innerhalb einer Frist von 3 Tagen die Wohnung geräumt haben, werde/n ich/wir unverzüglich Räumungsklage einreichen.

Mit freundlichen Grüßen

....
Ort, Datum und Unterschrift/en

Mietaufhebungsvereinbarung

Eine Beendigung des Mietverhältnisses kann nicht nur durch Kündigung, d.h. durch eine einseitige Erklärung des Vermieters erfolgen, sondern auch durch einen **zwischen dem Vermieter und** dem **Mieter** geschlossenen **Mietaufhebungsvertrag.** Ein Mietaufhebungsvertrag bietet sich z.B. an, wenn für den Vermieter zur Kündigung kein gesetzlicher Grund besteht, er jedoch das Mietverhältnis beenden möchte und dem Mieter dafür eine Abfindung bezahlt.

Hinweis

Bei einem Mietaufhebungsvertrag sollte man **beachten**, daß **Fragen** hinsichtlich der **Schönheitsreparaturen**, des Verbleibs oder der Entfernung der **Einbauten** und **Einrichtungen** des Mieters und Vermieters **geregelt** werden.

Muster 82 Mietaufhebungsvereinbarung

...

Vereinbarung

zwischen

Herrn/Frau: ....
Straße: ....
Ort: ....

(im folgenden Vermieter genannt)

und

Herrn/Frau: ....
Straße: ....
Ort: ....

(im folgenden Mieter genannt)

Hiermit wird der Mietvertrag bezüglich der .....-Zimmer-Wohnung in der .... Straße Nr. ..... in .... mit Wirkung zum .... aufgehoben. Bis zu diesem Zeitpunkt wird die Wohnung durch den Mieter komplett geräumt und an den Vermieter übergeben.

Der Mieter verzichtet ausdrücklich auf die Bewilligung einer über diesen Zeitpunkt hinausgehenden Räumungsfrist. Der Verzicht betrifft nicht die Rechte des Mieters aus § 765 a ZPO.

Der Mieter hat die Wohnung wie folgt zurückzugeben:

Die Mieträume sind
[ ] im vertragsgemäßen Zustand
[ ] besenrein
[ ] fachmännisch renoviert
[ ] unrenoviert
[ ] nach Durchführung folgender Arbeiten:
....
....

zurückzugeben.

Für den Fall, daß der Mieter die Mieträume nicht rechtzeitig räumt, hat der Mieter dem Vermieter die hierdurch entstehenden Schäden zu ersetzen.
Bei nicht rechtzeitiger Rückgabe wird das Mietverhältnis nicht automatisch fortgesetzt. Einer Fortsetzung des Mietverhältnisses wird hiermit ausdrücklich widersprochen. § 568 BGB gilt nicht.

Die Kaution ist erst nach vollständiger Räumung und vertragsgemäßer Rückgabe der Mietsache (incl. aller Schlüssel) und nach Abrechnung sämtlicher Nebenkosten zurückzuzahlen.

[ ] Der Vermieter zahlt dem Mieter für die vorzeitige Auflösung des Mietverhältnisses und Räumung der Wohnung eine Abfindung in Höhe von .... DM (in Worten: ....).

[ ] Der Vermieter verzichtet für die vorzeitige Auflösung des Mietverhältnisses und Räumung der Wohnung auf die Durchführung der Schönheitsreparaturen / Renovierung.

[ ] Der Mieter zahlt dem Vermieter für die vorzeitige Auflösung des Mietverhältnisses eine Abfindung in Höhe von .... DM (in Worten: ....).

....

Ort, Datum und Unterschrift des Vermieters

....

Ort, Datum und Unterschrift des Mieters

14. Mieten

Kaution

Bei einer **Wohnraummiete** kann der Vermieter nach § 550 b BGB vom Mieter **bis zu 3 Monatsmieten Sicherheit** verlangen. Diese Kaution hat der Vermieter **getrennt von seinem Vermögen** bei einem Kreditinstitut, zu dem für **Spareinlagen mit dreimonatiger Kündigungsfrist üblichen Zinssatz**, anzulegen. Die **Zinsen** stehen dem **Mieter** zu und erhöhen die Sicherheit.

▸ **Nachweis über die Kautionsanlage**
Besteht für den Mieter der **Verdacht**, daß der Vermieter die **Kaution nicht ordnungsgemäß angelegt** hat, so kann er die Vorlage eines Nachweises verlangen.

Muster 83 Anlage der Kaution

...

Mietkaution

Sehr geehrte/r Frau/Herr ....,

am .... schlossen Sie mit mir einen Mietvertrag bezüglich der .....-Zimmer-Wohnung in der ....-Straße Nr. ..... in ....

In dem Vertrag vereinbarten wir eine Mietkaution in Höhe von ..... Monatsmieten, also in Höhe von ..... DM.

Ich übergab/überwies Ihnen die Mietkaution am ....

Gemäß § 550 b BGB ist eine Mietkaution für Wohnraum bei einem Kreditinstitut, zu dem für Spareinlagen mit dreimonatiger Kündigungsfrist üblichen Zinssatz, anzulegen. Ich bitte Sie daher, mir insoweit einen Nachweis über die ordnungsgemäße Anlage der Kaution zu erbringen.

Mit freundlichen Grüßen

....

Ort, Datum und Unterschrift/en

▸ Rückzahlungsaufforderung

Der Mieter kann vom Vermieter die **Rückzahlung der Kaution** erst **nach Wohnungsübergabe** verlangen (*Bundesgerichtshof,* Urteil vom 8.3.1972 – VIII ZR 183/70). Bestehen **keine Ansprüche des Vermieters** gegen den Mieter, so muß der Vermieter die **Kaution in voller Höhe zurückzahlen.** Diesbezüglich muß der Mieter dem Vermieter eine gewisse Zeit einräumen, in der er eventuelle Gegenansprüche überprüfen kann. Als **Gegenansprüche** kommen z.B. restliche Mietzinszahlungen, Nebenkostennachzahlungen oder Schadensersatz in Betracht. Die Länge der **Überprüfungsfrist** wird von der Rechtsprechung unterschiedlich gehandhabt, sie reicht **von 2 Monaten** (*Amtsgericht Dortmund*, WM 1981, S. 235) **bis zu 6 Monaten** (*Oberlandesgericht Karlsruhe*, WM 1987, S. 156), in Ausnahmefällen auch darüber hinaus (*Bundesgerichtshof,* Rechtsentscheid vom 1.7.1987 – VIII ARZ 2/87, BGHZ

Muster 84 Kautionsrückzahlung

...

Rückzahlung der Mietkaution

Sehr geehrte/r Frau/Herr ....,

am .... endete mein Mietverhältnis bezüglich der .....-Zimmer-Wohnung in der .... -Straße Nr. ....., in ....

Bei Mietvertragsschluß vereinbarten wir eine Mietkaution in Höhe von .... DM. Die Mietkaution habe ich Ihnen am .... bezahlt.

Nach Beendigung des Mietverhältnisses sind Sie zur Rückzahlung der Kaution verpflichtet. Nachdem nunmehr schon über 6 Monate seit Beendigung des Mietverhältnisses vergangen sind, fordere ich Sie auf, mir den Kautionsbetrag in voller Höhe zuzüglich der sich aus einer Anlage bei einem Kreditinstitut für Spareinlagen mit dreimonatiger Kündigungsfrist üblichen Zinssatz ergebenden Zinsen sofort, spätestens aber bis zum ....

auf mein Konto bei der .... -Bank, BLZ ...., Konto-Nr. .... zurückzuzahlen.

Mit freundlichen Grüßen

....

Ort, Datum und Unterschrift/en

101, S. 244). Hat der Mieter nach Beendigung des Mietverhältnisses die Kaution unbegründet nicht zurückerhalten, so sollte dieser **spätestens nach einem halben Jahr** die Kaution **zurückfordern.**

Befristetes Mietverhältnis

Fortsetzung

Bei befristeten Mietverträgen über Wohnraum kann der Mieter nach § 564 c BGB spätestens **zwei Monate vor der Beendigung** des Mietverhältnisses durch **schriftliche Erklärung** gegenüber dem Vermieter die **Fortsetzung** des Mietverhältnisses **auf unbestimmte Zeit verlangen.**

Eine **Ausnahme** besteht nur, wenn der Vermieter ein **berechtigtes Interesse an** der **Nichtfortsetzung** des Mietverhältnisses hat. Ein solches ist gegeben:

- wenn der Mietvertrag für nicht mehr als **fünf Jahre** geschlossen wurde und
- er entweder nach Ablauf der Mietzeit die **Räume für sich**, die zu seinem Hausstand gehörenden Personen oder seine Familienangehörigen **nutzen will** oder
- in zulässiger Weise die **Räume beseitigen oder** so **wesentlich verändern oder instand setzen will**, daß die Maßnahmen durch eine Fortsetzung des Mietverhältnisses erheblich erschwert würden, oder
- Räume die mit Rücksicht auf das **Bestehen eines Dienstverhältnisses** vermietet worden sind, an einen anderen zur Dienstleistung Verpflichteten vermieten will.

Zudem muß der Vermieter seine Absichten bei Vertragsschluß dem Mieter schriftlich mitgeteilt haben.

Muster 85 Fortsetzung des befristeten Mietverhältnisses

...

Sehr geehrte/r Frau/Herr ....,

am .... schlossen Sie mit mir einen Mietvertrag über die .....-Zimmer-Wohnung in der ....-Straße Nr. ..... in .... ab.

Der Mietvertrag ist befristet. Er läuft am .... aus.

Ich bin mit der Wohnung sehr zufrieden und würde gerne weiter in der Wohnung wohnen. Sollte ich daher nichts weiteres von Ihnen hören, gehe ich davon aus, daß Sie mit der Fortsetzung unseres Mietverhältnisses auf unbefristete Zeit einverstanden sind.

Mit freundlichen Grüßen

....

Ort, Datum und Unterschrift/en

Mietzins

▸ Ordnungswidrige Mietpreisüberhöhung, § 5 WiStG

Der **Vermieter handelt** gemäß § 5 Wirtschaftsstrafgesetz (WiStG) **ordnungswidrig**, wenn er vorsätzlich oder leichtfertig für die Vermietung von Wohnräumen **unangemessen hohe Mieten**

Muster 86 Ordnungswidrige Mietpreisüberhöhung

…

An das Ordnungsamt der
Gemeinde ……………………

Anzeige einer ordnungswidrigen Mietpreisüberhöhung

Sehr geehrte Damen und Herren,

am ……… habe ich mit meinem Vermieter, ……………… (Name und Anschrift) einen Mietvertrag über eine …..-Zimmer-Wohnung in der …………………-Straße Nr. ….. in …………………… abgeschlossen.

Die Wohnfläche beträgt … qm und der vereinbarte Mietzins monatlich … DM.

Nach einem Vergleich mit dem örtlichen Mietspiegel mußte ich feststellen, daß die Miete völlig überzogen ist und den üblichen Mietpreis um über 20 % übersteigt. Ich gehe daher davon aus, daß vorliegend der Mietpreisüberhöhungstatbestand des § 5 WiStG erfüllt ist und bitte dringend um Einschreitung Ihrerseits.

Mit freundlichen Grüßen

……………………………
Ort, Datum und Unterschrift

fordert. Eine **Unangemessenheit** ist dann gegeben, wenn der Mietzins **über 20 % der üblichen Mieten** liegt, die in der Gemeinde oder in vergleichbaren Gemeinden für vergleichbare Wohnungen **in den letzten vier Jahren** vereinbart oder geändert wurden.

Eine unangemessene Höhe des Mietzinses kann der Mieter z.B. durch **Vergleich mit dem örtlichen Mietspiegel** feststellen. Erscheint danach die Miete als völlig überhöht, so sollte der Mieter dies der Gemeinde mitteilen.

Wucher

Verlangt der Vermieter nicht nur eine **unangemessen hohe Miete**, sondern nutzt er dabei auch noch eine **Zwangslage**, die **Unerfahrenheit**, den **Mangel an Urteilsvermögen** oder die **erhebliche Willensschwäche** des Mieters aus, so liegt nicht nur eine Ordnungswidrigkeit, sondern sogar eine **Straftat** vor. Wucher wird mit Freiheitsstrafe bis zu drei Jahren oder mit Geldstrafe, in besonders schweren Fällen mit Freiheitsstrafe von sechs Monaten bis zu 10 Jahren bestraft, § 302 a StGB.

▸ Widerspruch gegen Mieterhöhungsverlangen

Nach dem Miethöhegesetz ist der Vermieter gemäß § 2 MHG nur zur Mieterhöhung berechtigt, wenn sich der Mietzins innerhalb eines Zeitraums von drei Jahren nicht um 30 % erhöht hat. Verlangt der Vermieter daher eine **Erhöhung über 30 % innerhalb der letzten 3 Jahre**, so kann der Mieter dem **Mieterhöhungsverlangen widersprechen** (s. Muster 87, S. 184).

Muster 87 Widerspruch gegen Mieterhöhungsverlangen

...

Widerspruch gegen Mieterhöhung

Sehr geehrte/r Frau/Herr ....,

mit Schreiben vom .... teilten Sie mir/uns mit, daß Sie beabsichtigen, meine/unsere Miete zum .... zu erhöhen.

Der von Ihnen beabsichtigten Mieterhöhung kann ich/können wir nicht zustimmen. Die Mieterhöhung würde dazu führen, daß die Miete innerhalb der letzten drei Jahre um mehr als 30 % gestiegen wäre. Eine solche Mieterhöhung ist jedoch nach § 2 Abs. 1 Nr. 3 MHG unzulässig.

Mit freundlichen Grüßen

....
Ort, Datum und Unterschrift/en

Mietminderung

Nach § 537 Abs. 1 BGB ist der **Mieter einer mangelhaften Wohnung berechtigt**, die **Miete zu mindern**. Dieses **Recht** kann ein Vermieter von Wohnraum **nicht im Mietvertrag ausschließen**, § 537 Abs. 3 BGB. Die Höhe der Mietminderung richtet sich ganz nach der Erheblichkeit des auftretenden Fehlers.

Checkliste

Für die Geltendmachung einer Mietminderung müssen folgende Voraussetzungen gegeben sein:

- **Erheblicher Mangel**
  Die Wohnung muß einen erheblichen Mangel aufweisen. Eine nur geringfügige Beeinträchtigung berechtigt nicht zu einer Mietminderung.
- **Keine Verwirkung**
  Liegt ein Minderungsgrund vor, so ist die Miete auch zu mindern. **Zahlt der Mieter, trotz Kenntnis** des Mangels, **den vollen Mietzins** vorbehaltlos weiter, so **verwirkt** er sein **Recht auf Mietminderung** (*Bundesgerichtshof*, Urteil vom 18.9.1974 – VIII ZR 63/73, NJW 1974, S. 2233). Eine nachträgliche Mietminderung ist insoweit nicht möglich.
- **Anzeige des Mangels**
  Der Vermieter muß von dem Mangel in **Kenntnis** gesetzt werden, damit er auch die Möglichkeit hat, den Mangel zu beseitigen. Zu späteren **Beweiszwecken** ist es ratsam, den Vermieter **schriftlich** – per Einschreiben mit Rückschein – **über den jeweiligen Mangel zu informieren**.

▸ Mängelanzeige

Damit der Mieter die Miete mindern kann, muß er den Vermieter über den Mangel in Kenntnis setzen.

Einschaltung der Heizung

Es besteht keine gesetzliche Regelung darüber, wann der Vermieter eine Zentralheizung einschalten muß. Ist in dem Mietvertrag diesbezüglich nichts vereinbart worden, so geht man heute von einer **Heizperiode** vom **1. Oktober bis 30. April** aus. Die Ansichten der Mindesttemperatur sind sehr verschieden, im allgemeinen wird jedoch in der Zeit zwischen **7.00 Uhr und 23.00 Uhr** eine Temperatur von **20 Grad Celsius** für ausreichend

Muster 88 Einschaltung der Heizung

...

Heizung

Sehr geehrte/r Frau/Herr ....,

obwohl nunmehr schon der 1. Oktober vergangen ist, haben Sie die Heizung für die an mich/uns vermietete Wohnung nicht eingeschaltet.

In der Wohnung sind derzeit höchstens 18 Grad Celsius zu erreichen. Nach der Rechtsprechung muß jedoch in der Zeit zwischen 7 und 23 Uhr eine Mindesttemperatur von 20 Grad Celsius erreicht werden können.

Ich/Wir bitte/n Sie daher, die Heizung unverzüglich einzuschalten. Sollte dieser Heizungsmangel nicht innerhalb einer Frist von 24 Stunden behoben worden sein, behalten ich mir/wir uns das Recht vor, die Miete zu mindern.

Mit freundlichen Grüßen

....

Ort, Datum und Unterschrift/en

gehalten. Sollte der Vermieter **nach dem 1. Oktober** die **Heizung nicht eingeschaltet** haben und kommt es deshalb in der Wohnung zu Temperaturen unter 20 Grad Celsius, so sollte sich der Mieter beschweren und den **Vermieter zur Einschaltung der Heizung auffordern**.

Beschwerde bei Heizungsausfall

Einen Ausfall der Heizung sollte der Mieter seinem Vermieter unverzüglich mitteilen.

Muster 89 Heizungsausfall

...

Heizungsausfall

Sehr geehrte/r Frau/Herr ....,

als ich gestern von der Arbeit / aus meinem Urlaub nach Hause kam, mußte ich feststellen, daß die Wohnung völlig ausgekühlt war, weil die Heizung ohne Funktion ist. Die Temperatur in der Wohnung beträgt lediglich unzumutbare ..... Grad Celsius.

Ich fordere Sie hiermit auf, die Heizung umgehend instand zu setzen. Sollte die Heizung nicht innerhalb der nächsten 2 Tage wieder funktionieren, werde ich – in Anbetracht der derzeitigen Temperaturverhältnisse – von meinem Mietminderungsrecht Gebrauch machen.

Falls der Zustand unerträglich wird, behalte ich mir vor, mich vorübergehend auf Ihre Kosten in einem Hotel einzuquartieren.

Mit freundlichen Grüßen

....

Ort, Datum und Unterschrift

(S. auch Mietminderung S. 190)

Feuchtigkeits-schäden

Auch bei Feuchtigkeitsschäden sollte der **Mieter** den Vermieter darüber **in Kenntnis setzen** und ihn zur Beseitigung des Mangels auffordern.

Muster 90 Feuchtigkeitsschäden

...

Feuchtigkeitsschäden

Sehr geehrte/r Frau/Herr ....,

als ich heute aus meinem Urlaub zurückkam, mußte ich leider feststellen, daß sich in einer Ecke meines ....zimmers ein großer Schimmelfleck gebildet hat. Außerdem bilden sich an der Zimmerdecke stetig neue Wassertropfen.

Nach meiner Ankunft habe ich Sie hierüber sofort telefonisch in Kenntnis gesetzt.

Ich fordere Sie hiermit nochmals auf, den Feuchtigkeitsschaden umgehend, spätestens innerhalb der nächsten 8 Tage, zu beheben, andernfalls sehe ich mich gezwungen, von meinem Mietminderungsrecht Gebrauch zu machen.

Mit freundlichen Grüßen

....

Ort, Datum und Unterschrift

Mietminderung

Bei einer **fehlerhaften Wohnung** hat der Mieter das Recht, die **Miete** zu **kürzen**. Dabei ist es unerheblich, ob den Vermieter die Schuld an dem Mangel trifft.

Muster 91 Allgemeines Mietminderungsschreiben

...
Mietminderung

Mietobjekt:
Ort: ....
Straße, Nr. ....
Geschoß:..............................
Bestehend aus: ....

Sehr geehrte/r Frau/Herr ....,

bereits am .... habe/n ich/wir Ihnen schriftlich folgende Mängel an oben genanntem Mietobjekt angezeigt:
....
....
....

Leider haben Sie es bislang versäumt, die Mängel beheben zu lassen. Die vorliegenden Mängel stellen einen Fehler dar, der die Tauglichkeit der gemieteten Wohnung zum vertragsmäßigen Gebrauch mindert. Die Mängel rechtfertigen eine Mietminderung von mindestens ..... %.

Bis das Bauvorhaben fertiggestellt worden ist / Bis zur Behebung der angezeigten Mängel werde/n ich/wir daher vom kommenden Monat an nur ...... DM (statt ...... DM) Miete überweisen.

Bitte sprechen Sie die Termine zur Mängelbeseitigung frühzeitig mit mir/uns ab.

Mit freundlichen Grüßen

....
Ort, Datum und Unterschrift

Mietminderung bei Heizungsausfall

Ein Heizungsausfall stellt einen Mangel dar, der den Mieter zur Minderung der Miete berechtigt.

Quoten

In der Rechtsprechung wurden dabei folgende Mietminderungsquoten als berechtigt angesehen:

- 100 % bei totalem Heizungsausfall im Winter (*Landgericht Berlin,* WM 1993, S. 185);
- 50 % bei Heizungsausfall im Sommer bei Außentemperaturen von 13–17,5° C (*Amtsgericht Waldbröl*, WM 1981, S. U 8).
- 30 % bei unzureichender Beheizung (*Landgericht Düsseldorf*, Urteil vom 17.5.1973–12 S 382/73, WM 1973, S. 187);
- 20 % bei fehlender Heizungsmöglichkeit in der Küche (*Landgericht Hannover*, Urteil vom 19.12.1979, WM 1980, S. 130);
- 13 % bei schlechter Heizleistung – Raumtemperaturen von 17 bis 18 Grad (*Amtsgericht Berlin-Schöneberg*, MM 1981, S. 51).

Muster 91a Mietminderung bei Heizungsausfall

...

Mietminderung

Sehr geehrte/r Frau/Herr ....,

am .... habe/n ich/wir Ihnen mitgeteilt, daß in der von Ihnen an uns vermieteten Wohnung die Heizung ausgefallen ist. Die Heizung haben Sie jedoch bis zum heutigen Tag nicht angeschaltet bzw. reparieren lassen.

Durch den Heizungsausfall wird die Tauglichkeit der Wohnung in ihrem vertragsgemäßen Gebrauch erheblich gemindert. Eine Mietminderung um ...... % ist daher angemessen.

Bis der Mangel behoben ist, werde/n ich/wir daher vom nächsten Monat an nur ..... DM (statt ..... DM) Miete überweisen.

Mit freundlichen Grüßen

....
Ort, Datum und Unterschrift

– Keine Mietminderung wurde zugesprochen bei einem Ausfall der Heizungsanlage in den Sommermonaten (*Landgericht Wiesbaden*, Beschluß vom 29.9.1989–8 S 135/89, WM 1990, S. 71).

▶ **Mietminderung bei Feuchtigkeitsschäden**
Eine **erhebliche Durchfeuchtung** einer Wohnung stellt einen Mangel dar.

Muster 91b Mietminderung bei Feuchtigkeitsschäden

> ...
>
> **Mietminderung**
>
> Sehr geehrte/r Frau/Herr ....,
>
> am .... habe/n ich/wir Ihnen mitgeteilt, daß die von Ihnen vermietete Wohnung erhebliche Feuchtigkeitsschäden aufweist. Dennoch haben Sie bis jetzt noch nichts unternommen, um diese Mangelhaftigkeit zu beheben.
>
> Feuchtigkeitsschäden stellen nach der Rechtsprechung einen Minderungsgrund dar, eine Mietminderung um ..... % ist daher angemessen.
>
> Bis der Mangel behoben ist, werde/n ich/wir daher vom nächsten Monat an nur ..... DM (statt ..... DM) Miete überweisen.
>
> Mit freundlichen Grüßen
>
> ....
> Ort, Datum und Unterschrift

Quoten

In der Rechtsprechung wurde den Mietern eine Mietminderung von **5 %** (z.B. bei Feuchtigkeitsflecken in der Küchendecke, *Landgericht München I*, Urteil vom 30.11.1983–15 S 10974/83) bis **100 %** (z.B. bei ständiger Durchfeuchtung der Außenwände und Rattenbefall, *Amtsgericht Potsdam*, Urteil vom 15.6.1995–26 C 533/93, WM 1995, S. 534) zugesprochen.

▸ **Mietminderung bei Lärm durch Mitmieter**

Auch **übermäßiger Lärm** durch Mitmieter berechtigt zur Mietminderung, da der Vermieter unabhängig von seinem Verschulden für den vertragsgemäßen Gebrauch der Mietsache haftet.

Quoten

Ein übermäßiger Kinderlärm am frühen Morgen und späten Abend durch kinderreiche Mitmieter berechtigt z.B. nach einer Entscheidung des *Landgerichts Köln* zur Mietminderung in Höhe von **11 %** (Urteil vom 24.11. 1970, WM 1971, S. 96). Nach einer Entscheidung des *Landgerichts Hannover* ist bei Trittschallgeräuschen in einem Altbau eine Mietminderung von **5 %** zulässig (Urteil vom 15.4.1994–9 S 211/93, WM 1994, S. 463).

Zu beachten ist, daß eine **Lärmbelästigung durch normales Wohnverhalten** des Nachbarn **hinzunehmen** ist. Unvermeidbare Geräusche stellen eine nur **unerhebliche** Minderung der Tauglichkeit einer Wohnung dar, derentwegen eine Mietminderung nicht in Betracht kommt.

Bevor der Mieter die Miete mindert, sollte er versuchen, eine **gütliche Einigung** mit seinen Nachbarn zu finden, erst wenn solche Versuche fehlschlagen, erscheint eine Mietminderung als angebracht.

Muster 91c Mietminderung bei Lärm durch Mitmieter

...

Mietminderung

Sehr geehrte/r Frau/Herr ....,

am .... habe/n ich/wir Ihnen mitgeteilt, daß unsere Mitmieter, Herr/Frau ...., durch ihre nächtlichen Streitereien/durch andauerndes Hundegebell/durch lautes Klavierspielen in der Mittagszeit/durch ..... einen übermäßigen Lärm verursachen. Dennoch haben Sie bis jetzt dagegen noch nichts unternommen.

Im Vorfeld hatte/n ich/wir vergeblich unsere Mitmieter gebeten, den Krach einzustellen. Ich/Wir bin/sind nicht mehr bereit, einen solchen Lärm hinzunehmen. Nach der Rechtsprechung kann bei übermäßigem Lärm die Miete gemindert werden. Ich/Wir mindern daher den Mitzins um ..... %.

Bis der Mangel behoben ist, werde/n ich/wir daher vom nächsten Monat an nur ..... DM (statt ..... DM) Miete überweisen.

Mit freundlichen Grüßen

....

Ort, Datum und Unterschrift

Muster 91d Mietminderung bei Lärm durch Nachbarn

...

Mietminderung

Sehr geehrte/r Frau/Herr ....,

am .... habe/n ich/wir Ihnen mitgeteilt, daß von einer in unserer unmittelbaren Nähe gelegenen Baustelle ein übermäßiger Lärm ausgeht. Der Lärm hält nunmehr schon über 3 Monate an. Ich/Wir hatte/n in dieser Zeit keinen einzigen ruhigen Werktag.

Nach der Rechtsprechung kann bei übermäßigem Lärm durch Nachbarn die Miete gemindert werden. Ich/Wir mindern daher den Mietzins um .....%.

Bis das Bauvorhaben fertiggestellt worden ist, werde/n ich/wir daher vom nächsten Monat an nur ...... DM (statt ...... DM) Miete überweisen.

Mit freundlichen Grüßen

....

Ort, Datum und Unterschrift

▸ Mietminderung bei Lärm von Nachbarn
Auch wenn der **Vermieter** für den nachbarlichen Lärm kein Verschulden trägt, so **schuldet** er seinen Mietern einen **ordnungsgemäßen Gebrauch der Mietsache**. Insoweit berechtigt übermäßiger

Muster 92 Beschwerde über Hausverwalter

...

Beschwerde über Ihren Hausverwalter

Sehr geehrte/r Frau/Herr ....,

vorliegend möchte/n ich/wir mich/uns über den von Ihnen beauftragten Hausverwalter beschweren.

Hinsichtlich unserer Wohnung gab es in letzter Zeit leider mehrfach Grund zur Reklamation. So haben wir beim Hausverwalter folgende Mängel gerügt:

1 ....
2 ....
3 ....

Trotz mehrfacher Anmahnung erfolgte keinerlei Reaktion des Hausverwalters. Ich/Wir mußte/n mich/uns daher direkt an Sie wenden und bitte/n Sie nunmehr um baldmöglichste Abhilfe.

Mit freundlichen Grüßen

....
Ort, Datum und Unterschrift

Lärm von Nachbarn zur Mietminderung. Dagegen hat der Mieter **geringfügige Störungen hinzunehmen.**

Quoten Eine übermäßige Lärmbelästigung wird bei umfangreichen Bauarbeiten von mindestens 3 Monaten angenommen. Das *Amtsgericht Weißwasser* (Urteil vom 18.4.1994–3 C 0701/93, WM 1994, S. 601) hat in einem solchen Fall eine Minderung der Nettokaltmiete um **50 %** für berechtigt gehalten. Auch erheblicher Gaststättenlärm berechtigt zur Mietminderung (so *Amtsgericht Rheine*: **37 %** Mietminderung bei erheblichem Gaststättenlärm bis 1.00 Uhr nachts; Urteil vom 30.10.1984–14 C 420/84, WM 1985, S. 260.). Erhebliche Störung der Nachtruhe wegen Lärmbelästigung durch eine Diskothek berechtigt nach einer Entscheidung des *Amtsgerichts Hamburg* zu einer Mietminderung von **30 %** (*Amtsgericht Hamburg*, WM 9/91).

Beschwerde über Hausverwalter

Vielfach werden **Wohnobjekte durch Hausverwalter betreut.** In einem solchen Fall wird im Mietvertrag oft vereinbart, daß sich der Mieter bei Reklamationen nicht an den Vermieter, sondern an den Verwalter zu wenden hat.

Bleibt ein Hausverwalter **auf Reklamationen untätig**, so sollte sich der Mieter direkt **beim Vermieter beschweren** (s. Muster 92, S. 196).

Widerspruch gegen Kündigung

Nach § 556 a BGB kann der Mieter einer **Kündigung** widersprechen und die **Fortsetzung des Mietverhältnisses verlangen**, wenn die Beendigung des Mietverhältnisses für den Mieter oder seine Familie eine Härte bedeuten würde, die auch unter Berücksichtigung der Vermieterinteressen **nicht zu rechtfertigen ist.**

Beispiel

Ein **Widerspruchsgrund** ist beispielsweise gegeben, wenn der Mieter trotz ernsthafter und nachweisbarer Bedingungen keinen ernsthaften Ersatz-

Muster 93 Widerspruch gegen Kündigung

...

Widerspruch

Sehr geehrte/r Frau/Herr ....,

vorliegend möchte/n ich/wir der Beendigung unseres Mietverhältnisses gemäß § 556 a Abs. 1 BGB widersprechen. Die Beendigung würde für mich/uns eine unzumutbare Härte bedeuten,

[ ] da ich/wir trotz intensivster Bemühungen keinen anderweitigen Ersatzwohnraum gefunden habe/n.
[ ] da ich/ein Familienmitglied schwer erkrankt bin / ist.
[ ] da ich mich/meine Frau sich im fortgeschrittenen Stadium der Schwangerschaft befinde/t.
[ ] da ich/ein Familienmitglied nunmehr schon ..... Jahre alt bin/ist und ein Umzug nicht mehr zumutbar ist.

Mit freundlichen Grüßen

....
Ort, Datum und Unterschrift/en

wohnraum gefunden hat (*Oberlandesgericht Karlsruhe*, Urteil vom 3.7.1970, 1 REMiet 1/70). Einer Kündigung kann jedoch nicht widersprochen werden, wenn der Vermieter dem Mieter eine geeignete Ersatzwohnung angeboten hat (*Land-*

gericht Waldshut-Tiengen, Urteil vom 11.3.1993–1 S 38/92, WM 1993, S. 349). Weitere Widerspruchsgründe sind z.B. Krankheit, fortgeschrittene Schwangerschaft, hohes Alter oder Schwerbehinderung.

Hinweis

Beim Widerspruch sind **formal folgende Punkte** zu berücksichtigen:

- Der Widerspruch muß **schriftlich** erfolgen und vom Mieter **unterschrieben** sein.
- Wird die Wohnung von mehreren Mietern gemietet, so müssen **alle Mieter widersprechen**, da der Mietvertrag nur einheitlich verlängert werden kann.
- Der Widerspruch hat bis zu **2 Monaten vor Ablauf des Mietverhältnisses** zu erfolgen. Hat der **Vermieter** den Mieter **nicht** auf den Widerspruch **hingewiesen**, so kann der Mieter den **Widerspruch noch im ersten Termin des Räumungsrechtsstreits** erklären.

15. Nachbarrecht

Überhängende Zweige

Ragen von einem Nachbargrundstück Zweige herüber, so ist der Eigentümer gemäß § 910 BGB berechtigt, die **Zweige bis zur Grundstücksgrenze abzuschneiden**, wenn er seinem Nachbarn **zuvor** eine **angemessene Frist gesetzt** hat und dieser **innerhalb der Frist** die **Zweige nicht beseitigt** hat. **Wurzeln** kann ein Grundstückseigentümer **ohne vorherige Beseitigungsaufforderung** sofort selbst beseitigen.

Zu beachten ist, daß die Beseitigungsrechte dem Eigentümer nur zustehen, wenn die Wurzeln oder die Zweige die **Benutzung seines Grundstückes beeinträchtigen.**

Hinweis Um das nachbarliche Verhältnis jedoch nicht unnötig zu belasten, ist es **ratsam**, den **Nachbarn zuvor mündlich aufzufordern**. Erst wenn ein Nachbar auf die mündliche Aufforderung nicht reagiert, ist ein Aufforderungsschreiben angebracht (s. Muster 94, S. 201).

Lärmbelästigung

Lärmbelästigungen sind **rechtswidrig** und nicht zu dulden, wenn sie die in § 906 BGB genannten Grenzen überschreiten, d.h. **wenn** sie **weder unwesentlich noch ortsüblich** sind (*Oberlandesgericht Köln*, 11.5.1988–13 U 246/87, NVwZ 1989, S. 290). Insoweit ist auch der **Eigentümer** eines

Muster 94 Überhängende Zweige

> ...
>
> Sehr geehrte/r Herr/Frau ....,
>
> ich/wir habe/n Sie schon mehrfach mündlich gebeten, die von Ihrem Grundstück herüberragenden Zweige abzuschneiden. Der Aufforderung sind Sie bislang nicht nachgekommen. Insoweit fordere/n ich/wir Sie hiermit letztmals auf, bis zum .... (ca. 2 Wochen) die störenden Zweige zu entfernen. Sollten Sie die Frist ungenutzt verstreichen lassen, so werde/n ich/wir die Zweige auf Ihre Kosten entfernen lassen.
>
> Mit freundlichen Grüßen
>
> ....
> Ort, Datum und Unterschrift

Grundstücks **nicht verpflichtet**, übermäßigen **Lärm von Nachbarn hinzunehmen**. Der **Mieter** einer Wohnung oder eines Hauses kann aus § 906 BGB keine Rechte gegen den Grundstücksnachbarn herleiten; er **muß sich an seinen Vermieter halten** (z.B. Mietminderung, Muster 91 d), der sich dann gegebenenfalls mit dem Nachbarn in Verbindung setzen wird.

Hinweis Um das nachbarschaftliche Verhältnis jedoch nicht zu verderben, ist es **empfehlenswert**, die **ruhestörenden Nachbarn direkt freundlich darauf anzusprechen**. Sollte eine mündliche Beschwerde

Muster 95 Lärmbelästigung

...

Sehr geehrte/r Frau/Herr..................,

ich/wir habe/n Sie schon mehrfach mündlich gebeten, den von Ihrem Grundstück ausgehenden unzumutbaren Geräuschpegel zu senken. Der Aufforderung sind Sie bislang nicht nachgekommen. Insoweit fordere/n ich/wir Sie hiermit letztmals auf, die Ruhezeiten einzuhalten. Sollten Sie der Aufforderung nicht nachkommen, wäre/n ich/wir zu weiteren rechtlichen Schritten gezwungen.

Mit freundlichen Grüßen

....
Ort, Datum und Unterschrift

nicht zum Erfolg führen, so kann der Nachbar schriftlich aufgefordert werden.

Eine weitere Möglichkeit besteht auch darin, sich bei der Gemeinde wegen Ruhestörung zu beschweren (siehe Beschwerde über Gaststättenlärm, Muster 41, S. 92).

16. Presse

Gegendarstellung

Werden in einer Zeitung **unwahre Tatsachen** gegenüber einer Person behauptet, so kann diese Person die Zeitung auffordern, in einer der nächsten Ausgaben eine **Gegendarstellung** abzudrucken. Denn nach den Landespressegesetzen der einzelnen Bundesländer hat jedermann das Recht auf Abdruck einer Gegendarstellung, wenn er durch eine in einer Zeitung aufgestellte Tatsachenbehauptung betroffen ist. **Zu beachten** ist hierbei jedoch, daß dieses Recht nur besteht, wenn ein **berechtigtes Interesse an der Veröffentlichung** gegeben ist und die **Gegendarstellung ihrem Umfang nach nicht unangemessen ist** (nicht größer als der beanstandete Text). Eine Aufforderung zur Gegendarstellung hat unverzüglich zu erfolgen. Dabei muß der Betroffene seinem Aufforderungsschreiben eine **abdruckreife Gegendarstellung beifügen** (*Oberlandesgericht Hamburg*, Urteil vom 19.3.1985–3 W 28/85). Dazu Muster 96 und 96a von S. 204, S. 205.

Unerlaubte Veröffentlichung eines Bildes

Aus eigennützigem gewerblichen Interesse werden immer wieder **Fotos von Privatpersonen** veröffentlicht, **ohne** daß die Betroffenen vorher um **Erlaubnis** gebeten wurden. Diese Veröffentlichungen verstoßen gegen § 22 Kunsturhebergesetz (Gesetz betreffend das Urheberrecht an Werken

Muster 96 Aufforderung zum Abdruck einer Gegendarstellung

. . .

Gegendarstellung

Sehr geehrte Damen und Herren,

in der Ausgabe ..... vom .... Ihrer Zeitung .... haben Sie einen Artikel über .... veröffentlicht.

In dem Artikel behaupten Sie, daß ....
....

Diese Behauptung trifft nicht zu.

In der Anlage habe ich Ihnen deshalb eine Gegendarstellung beigefügt. Ich fordere Sie hiermit nach dem Landespressegesetz auf, diese Gegendarstellung in der nächsten noch nicht redaktionell abgeschlossenen Ausgabe Ihrer Zeitung zu veröffentlichen. Sollten Sie dieser Gegendarstellungsaufforderung nicht nachkommen, werde ich alsbald beim Amtsgericht einen Antrag auf Anordnung der Veröffentlichung dieser Gegendarstellung stellen.

Mit freundlichen Grüßen

....
Ort, Datum und Unterschrift

Anlage: Gegendarstellung

Muster 96a Gegendarstellung

> ...
>
> **Gegendarstellung**
>
> In der Ausgabe ..... vom .... Ihrer Zeitung .... wurde auf der Seite ..... ein Artikel über .... veröffentlicht.
>
> In diesem Artikel wird folgende unwahre Tatsachenbehauptung aufgestellt, die von mir nachfolgend richtiggestellt wird:
>
> Es entspricht nicht der Wahrheit, daß ......
> ....
>
> Wahr ist vielmehr, daß ....
> ....
>
> ....
> Ort, Datum und Unterschrift

der bildenden Künste und der Photographie). Gemäß § 22 Kunsturhebergesetz dürfen Bildnisse **nur mit Einwilligung des Abgebildeten** verbreitet oder öffentlich zur Schau gestellt werden. Ein Verstoß gegen § 22 Kunsturhebergesetz wird mit Freiheitsstrafe bis zu einem Jahr oder mit Geldstrafe bestraft, § 33 Kunsturhebergesetz.

Nach § 23 Kunsturhebergesetz gilt eine **Ausnahme** nur bei **Bildnissen der Zeitgeschichte**, Bilder, bei denen die **Personen nur als Beiwerk**

Muster 97 Schmerzensgeld wegen Foto

...

Schmerzensgeld

Sehr geehrte Damen und Herren,

am .... haben Sie in Ihrer Zeitschrift .... auf Seite ..... einen Artikel über Schlankheitsdiäten veröffentlicht. Neben diesem Artikel wurde ein Bild von mir mit dem Untertitel »Frau S. aus K. hat schon 20 Diäten ausprobiert. Bis jetzt leider erfolglos.« wiedergegeben.

Zur Veröffentlichung meines Bildes habe ich Ihnen keine Einwilligung gegeben. Insoweit stellt die Veröffentlichung einen Verstoß gegen das Recht am eigenen Bild und eine allgemeine Persönlichkeitsverletzung dar.

Ich fordere Sie daher auf, weitere Bildveröffentlichungen meiner Person zu unterlassen und mir als Schmerzensgeld einen Betrag in Höhe von .... DM auf mein Konto bei der ....-Bank, BLZ ...., Konto-Nr. .... bis spätestens zum .... zu überweisen.

Sollten Sie zur Schmerzensgeldzahlung nicht bereit sein, so behalte ich es mir vor, Strafanzeige gegen Sie zu erstatten.

Mit freundlichen Grüßen

....
Ort, Datum und Unterschrift

erscheinen, und **Bilder von Versammlungen, Aufzügen** etc.

Wurde ein Bild unerlaubt veröffentlicht, so liegt ein **Verstoß gegen das Recht am Bild** und eine **allgemeine Persönlichkeitsverletzung** vor. Eine solche Rechtsverletzung ist durch einen **Anspruch auf Geldentschädigung** abzuwehren (*Bundesgerichtshof,* Urteil vom 12.12.1995, VI ZR 223/94).

Zeitschriftabonnement

Widerruf und Kündigung

siehe auch Muster 1 und Muster 2 Seite 19/21.

17. Post

Werbesendungen

Eine Werbeflut überrollt die Republik. Manch einer ist hierüber froh (entweder weil er froh ist, überhaupt etwas im Briefkasten vorzufinden, oder weil er mit Freude jedem Sonderangebot nachjagt), andere ärgern sich.

Denen, die sich ärgern, kann geholfen werden. Sie können an ihrem Briefkasten einen **Aufkleber »Keine Werbung«** anbringen. In solche Briefkästen darf nämlich kein Werbematerial eingeworfen werden. **Einschränkend** muß allerdings angemerkt werden, daß sich das Verbot nicht auf **Werbebeilagen** oder **Werbezettel** bezieht, **die den Tageszeitungen beigelegt werden.**

Wird das Verbot mißachtet, kann man sich beim Werbenden beschweren und ihn auffordern, das Verbot künftig zu beachten. Dem Inhaber einer Wohnung, der sich durch einen Aufkleber an seinem Briefkasten gegen den Einwurf von Werbematerial wehrt, steht nämlich gegenüber dem Werbenden ein **Unterlassungsanspruch** zu (*Bundesgerichtshof,* Urteil vom 20.12.1988 – VI ZR 182/88, *BGHZ* 106, 230). Die **Nichtbeachtung** der Willensäußerung des einzelnen Verbrauchers, keine Werbung erhalten zu wollen, stellt eine **Beeinträchtigung des Selbstbestimmungsrechts** gemäß §§ 1004, 823 Abs. 1, 862, 903 BGB dar.

Muster 98 Einwurf von Werbesendungen

...

An die Firma ....

Beschwerde wegen Einwurf von Werbung

Sehr geehrte Damen und Herren,

da wir nicht gewillt sind, die anhaltende Werbeflut hinzunehmen, haben wir an unseren Briefkasten einen Aufkleber mit der Aufschrift »Keine Werbung« angebracht.

Trotz dieses ausdrücklichen Wunsches, keine Werbung mehr erhalten zu wollen, werden nach wie vor Ihre Handwurfzettel/Werbeprospekte in unseren Briefkasten eingeworfen. Fast wöchentlich werden wir dadurch mit nicht erwünschter Werbung konfrontiert. Eine solche Vorgehensweise stellt eine Beeinträchtigung unseres Selbstbestimmungsrechts gemäß §§ 1004, 823 Abs. 1, 862, 903 BGB dar.

Wir bitten Sie daher, Ihre Prospektverteiler anzuhalten, den Einwurf weiterer Werbung in unseren Briefkasten zu unterlassen. Sollten wir dennoch weiterhin Ihre Werbung erhalten, kündigen wir schon jetzt weitere rechtliche Schritte an.

Mit freundlichen Grüßen

....

Ort, Datum und Unterschrift

Verlust und Beschädigung

Bei Beschwerden wegen **fehlerhafter Postbeförderung** sollte sich der Betroffene entweder an sein Postamt vor Ort oder an die Generaldirektion der Deutschen Post wenden (s. Muster 99, S. 211).

Adresse

Deutsche Post AG, Generaldirektion, Heinrich-von-Stephan-Str. 1, 53175 Bonn (Tel.: 02 28–1 82-0; Fax: 02 28–1 82-70 99).

Wertsendung

Bei wertvollen Sendungen ist es immer **ratsam**, den Brief oder das **Paket als Wertsendung** aufzugeben. Bei den derzeit gültigen Preisen (Stand: 1. 1. 1998) ist für einen Wertbrief bis 1.000,– DM ein zusätzliches Entgelt von 10,– DM zu zahlen. Jede weiteren 500,– DM werden mit weiteren 1,50 DM berechnet. Bei Wertpaketen sind als besonderes Entgelt 0,6 vom Tausend zu entrichten (Formel: Wertbetrag in DM x 0,0006 = Entgelt).

▸ Verlust des Beförderungsgutes

Gemäß § 12 Abs. 3 PostG **haftet** die **Deutsche Post AG** dem Absender von einem gewöhnlichen Paket **für Schäden**, die durch den Verlust oder die Beschädigung entstanden sind, **in Höhe des unmittelbaren Schadens** bis zu einem **Höchstbetrag von 1.000,– DM je Sendung**. Ein Paket gilt dann als verlorengegangen, wenn es nach dem Ablauf einer angemessenen Beförderungszeit nicht beim Empfänger angekommen ist, § 13 Abs. 1 PostG.

Bei Verlust eines Paketes sollte der Betroffene einen **Nachforschungsantrag** beim Postamt stellen, in dem gleichzeitig Schadensersatz geltend gemacht werden kann (s. Muster 100, S. 212).

Muster 99 Fehlerhafte Zustellung

...
An das Postamt ....

Beschwerde wegen fehlerhafter Zustellung

Sehr geehrte Damen und Herren,

seit Anfang August wohne ich in der .... Straße Nr. .....

Leider wird meine Post immer wieder an die Anschrift .... Straße .... Nr. ..... (meine frühere Anschrift/den Haushalt der Familie ....) zugestellt.

Insoweit wird offenbar bei der Zustellung der Straßenname verwechselt/mein Nachsendeantrag nicht berücksichtigt. Ich bitte Sie daher, die zuständigen Mitarbeiter anzuhalten, genau auf die Straßennamen zu achten/meinen Nachsendeantrag zu berücksichtigen.

Mit freundlichen Grüßen

....
Ort, Datum und Unterschrift

Muster 100 Nachforschungsantrag

...
An das Postamt ....

Nachforschungsantrag

Sehr geehrte Damen und Herren,
am .... habe ich bei Ihnen ein Paket aufgegeben.

Dieses Paket war an .... adressiert.

Inhalt dieses Paketes war .... im Wert von ..... DM.

Seit der Aufgabe des Paketes sind zwischenzeitlich ..... Wochen vergangen. Das Paket ist bis zum heutigen Tage nicht angekommen. Ich bitte Sie daher, Nachforschungen über den Verbleib des Paketes anzustellen.

In der Anlage übersende ich Ihnen eine Kopie des Einlieferungsscheines und eine Quittung bezüglich des Inhalts. Sollte das Paket innerhalb der nächsten 2 Wochen nicht wieder aufgefunden werden, so fordere ich Sie hiermit auf, mir den Schaden, der durch den Verlust entstanden ist, zu ersetzen.

Mit freundlichen Grüßen

....
Ort, Datum und Unterschrift

▸ **Beschädigung des Beförderungsgutes**
Ist das Paket beschädigt worden, so ist dem Betroffenen **zu raten**, sich **an das Postamt zu wenden, bei dem** er das **Paket aufgegeben** hat, um **Schadensersatz** geltend zu machen. Beschädigt ist ein Paket, wenn der Inhalt in der Weise verändert wurde, daß dadurch sein Wert gemindert ist, § 13 Abs. 3 PostG.

Muster 101 Beschädigung eines Pakets

...
An das Postamt ....

Beschwerde wegen beschädigtem Postgut

Sehr geehrte Damen und Herren,

am .... habe ich bei Ihnen ein Paket aufgegeben.

Adressat war ....
in ....

In dem Paket befand sich ....
.... im Wert von ...... DM. Eine Quittung habe ich als Anlage beigefügt.

Das Paket ist völlig beschädigt angekommen. Von der Paketverpackung, welche ich zuvor bei Ihnen erworben habe, ist die vordere Seite halb abgerissen. Der Inhalt ist wie folgt beschädigt: ....
....

Der Wert des Inhalts ist durch die Beschädigung erheblich gemindert worden. Ich fordere Sie deshalb auf, mir bis zum .... den Kaufpreis in Höhe von ...... DM zu ersetzen.

Mit freundlichen Grüßen

....
Ort, Datum und Unterschrift

18. Reiserecht

Reiserücktritt

Gemäß § 651i BGB kann der Reisende **vor Reisebeginn** jederzeit vom Vertrag zurücktreten. Der Reisende muß den Rücktritt nicht begründen.

Mit Rücktritt verliert der Reiseveranstalter den Anspruch auf den vereinbarten Reisepreis. Insoweit kann er jedoch eine **angemessene Entschädigung** verlangen. Die Entschädigungsleistung entspricht dem Reisepreis abzüglich der Kosten, die der Reiseveranstalter dadurch erspart, daß er dem Kunden keine Leistung mehr erbringen muß. Meist ist der **Entschädigungsanspruch** im Reisevertrag **pauschaliert** vereinbart worden. Die Pauschalierung ist jedoch **nur wirksam, wenn** nicht ein fester Betrag, sondern ein **bestimmter Prozentsatz vom Reisepreis vereinbart wurde**.

Muster 102 Reiserücktritt

...

Reiserücktritt

Sehr geehrte Damen und Herren,

am .... habe/n ich/wir bei Ihnen über das Reisebüro .... eine Reise nach .... gebucht. Das Reiseprogramm beinhaltete einen ..... -tägigen Aufenthalt vom .... bis zum .... im Hotel ....

Zu meinem/unserem Bedauern muß/müssen ich/wir Ihnen leider mitteilen, daß ich/wir die Reise nicht antreten kann/können. Ich/Wir trete/n daher vom Reisevertrag zurück.

Sollten vorliegend Stornogebühren angefallen sein, so bitte/n ich/wir um Mitteilung.

Mit freundlichen Grüßen

....

Ort, Datum und Unterschrift

▶ Schreiben an Reiserücktrittskostenversicherung

Vielfach wird mit dem Reisevertrag eine **Reiserücktrittskostenversicherung** abgeschlossen. **Zu beachten** ist, daß die Versicherung **nicht jeden Rücktrittsgrund** abdeckt und oftmals der Reisende eine **Selbstbeteiligung** zu zahlen hat.

Der Reiserücktritt ist der Versicherung **unverzüglich** mitzuteilen.

Muster 103 Reiserücktrittskostenversicherung

...

An die Reiserücktrittskostenversicherung

Reiserücktritt

Sehr geehrte Damen und Herren,

am .... habe/n ich/wir bei Ihnen einen Reiserücktrittskostenversicherungsvertrag anläßlich meiner/unserer Reise nach .... unter der Versicherungs-Nr. ..... abgeschlossen.

Eine Kopie der Buchungsbestätigung habe/n ich/wir beigefügt.

Leider konnte/n ich/wir aus folgendem Grund an der Reise nicht teilnehmen: ......
....
....
.... (Krankheit, Unfall, Todesfall etc.).

Ich/wir mußte/n daher vom Reisevertrag zurücktreten.

Aus dem beigefügten Schreiben des Reiseveranstalters können Sie ersehen, daß mir/uns nunmehr ..... DM an Stornierungskosten in Rechnung gestellt worden sind.

Ich/Wir bitte/n Sie daher, im Rahmen des bestehenden Versicherungsverhältnisses vorliegende Stornierungskosten zu übernehmen.

Mit freundlichen Grüßen

....
Ort, Datum und Unterschrift

Anlagen:
- Kopie des Versicherungsscheins
- Buchungsbestätigung
- Stornierungskostenrechnung

Reisepreisminderung

Nach §651d Abs. 1 BGB ist ein Reisender einer mangelhaften Pauschalreise berechtigt, den **Reisepreis zu mindern**. Der Reiseveranstalter haftet für **Mängel der Reise** und für das **Fehlen von Reiseeigenschaften, die** beim Abschluß des Reisevertrages **zugesichert** wurden.

Quote

Die Minderungsquote richtet sich nach der **Erheblichkeit** der vorgefundenen Mängel. Das *Landgericht Frankfurt* hat diesbezüglich eine Tabelle aufgestellt, die zwar für andere Gerichte nicht bindend ist, jedoch eine gewisse **Richtlinie** darstellt.

Frankfurter Tabelle zur Reisepreisminderung

Art der Leistung	Mängelposition	Prozentsatz [%]	Bemerkung
I. Unterkunft	1. Abweichung von dem gebuchten Objekt	10–25	je nach Entfernung
	2. Abweichende örtliche Lage (Strandentfernung)	5–15	
	3. Abweichende Art der Unterbringung im gebuchten Hotel (Hotel statt Bungalow, abweichendes Stockwerk)	5–10	
	4. Abweichende Art der Zimmer		
	a) DZ statt EZ	20	
	b) DreibettZ statt EZ	25	
	c) DreibettZ statt DZ	20–25	je nach dem, ob Personen der
	d) VierbettZ statt DZ	20–30	gleichen Buchung oder unbekannte Reisende zusammengelegt werden
	5. Mängel in der Ausstattung des Zimmers		
	a) zu kleine Fläche	5–10	
	b) fehlender Balkon	5–10	bei Zusage/je nach Jahreszeit
	c) fehlender Meerblick	5–10	bei Zusage
	d) fehlendes (eigenes) Bad/WC	15–25	bei Buchung
	e) fehlendes (eigenes) WC	15	
	f) fehlende (eigene) Dusche	10	bei Buchung
	g) fehlende Klimaanlage	10–20	bei Zusage / je nach Jahreszeit
	h) fehlendes Radio/TV	5	bei Zusage
	i) zu geringes Mobiliar	5–15	
	k) Schäden (Risse, Feuchtigkeit etc.)	10–50	
	l) Ungeziefer	10–50	
	6. Ausfall von Versorgungseinrichtungen		

Frankfurter Tabelle *(Fortsetzung)*

Art der Leistung	Mängelposition	Prozentsatz [%]	Bemerkung
	a) Toilette	15	
	b) Bad / Warmwasserboiler	15	
	c) Stromausfall/Gasausfall	10–20	
	d) Wasser	10	
	e) Klimaanlage	10–20	je nach Jahreszeit
	f) Fahrstuhl	5–10	je nach Stockwerk
	7. Service		
	a) vollkommener Ausfall	25	
	b) schlechte Reinigung	10–20	
	c) ungenügender Wäschewechsel (Bettwäsche, Handtücher)	5–10	
	8. Beeinträchtigungen		
	a) Lärm am Tage	5–25	
	b) Lärm in der Nacht	10–40	
	c) Gerüche	5–15	
	9. Fehlen der (zugesagten) Kureinrichtungen (Thermalbad, Massagen)	20–40	je nach Art der Projektzusage (z.B. »Kururlaub«)
II. Verpflegung	1. Vollkommener Ausfall	50	
	2. Inhaltliche Mängel		
	a) Eintöniger Speiseplan	5	
	b) Nicht genügend warme Speisen	10	
	c) Verdorbene (ungenießbare) Speisen	20–30	
	3. Service		
	a) Selbstbedienung (statt Kellner)	10–15	
	b) lange Wartezeiten	5–15	
	c) Essen in Schichten	10	
	d) Verschmutzte Tische	5–10	
	e) Verschmutztes Geschirr, Besteck	10–15	
	4. Fehlende Klimaanlage im Speisesaal	5–10	bei Zusage

Art der Leistung	Mängelposition	Prozentsatz [%]	Bemerkung
III. Sonstiges	1. Fehlender oder verschmutzter Swimmingpool	10–20	bei Zusage
	2. Fehlendes Hallenbad		bei Zusage
	a) bei vorhandenem Swimmingpool	10	soweit nach Jahreszeit benutzbar
	b) bei nicht vorhandenem Swimmingpool	20	
	3. Fehlende Sauna	5	bei Zusage
	4. Fehlender Tennisplatz	5–10	bei Zusage
	5. Fehlendes Minigolf	3–5	bei Zusage
	6. Fehlende Segelschule, Surfschule, Tauchschule	5–10	bei Zusage
	7. Fehlende Möglichkeit zum Reiten	5–10	bei Zusage
	8. Fehlende Kinderbetreuung	5–10	bei Zusage
	9. Unmöglichkeit des Badens im Meer	10–20	je nach Prospektbeschreibung und zumutbarer Ausweichmöglichkeit
	10. Verschmutzter Strand	10–20	
	11. Fehlende Strandliegen, Sonnenschirme	5–10	bei Zusage
	12. Fehlende Snack- oder Strandbar	0–5	je nach Ersatzmöglichkeiten
	13. Fehlender FKK-Strand	10–20	bei Zusage
	14. Fehlendes Restaurant oder Supermarkt		
	a) bei Hotelverpflegung	0–5	bei Zusage
	b) bei Selbstverpflegung	10–20	/je nach Ausweichmöglichkeiten
	15. Fehlende Vergnügungseinrichtungen (Disco, Nightclub, Kino, Animateure)	5–15	bei Zusage
	16. Fehlende Boutique oder Ladenstraße	0–5	je nach Ausweichmöglichkeiten

Frankfurter Tabelle *(Fortsetzung)*

Art der Leistung	**Mängelposition**	**Prozentsatz [%]**	**Bemerkung**
	17. Ausfall von Landausflügen bei Kreuzfahrten	20–30	des anteiligen Reisepreises je Tag des Landausfluges
	18. Fehlende Reiseleitung		
	a) bloße Organisation	0–5	
	b) bei Besichtigungsreisen	10–20	
	c) bei Studienreisen mit wissenschaftlicher Führung	20–30	bei Zusage
	19. Zeitverlust durch notwendigen Umzug	anteiliger Reisepreis für	
	a) im gleichen Hotel	1/2 Tag	
	b) in anderes Hotel	1 Tag	
IV. Transport	1. Zeitlich verschobener Abflug über 4 Stunden hinaus	5	des anteiligen Reisepreises für einen Tag für jede weitere Stunde
	2. Ausstattungsmängel		
	a) Niedrigere Klasse	10–15	
	b) Erhebliche Abweichung vom normalen Standard	5–10	
	3. Service		
	a) Verpflegung	5	
	b) Fehlen der in der Flugklasse üblichen Unterhaltung (Radio, Film etc.)	5	
	4. Auswechslung des Transportmittels		der auf die Transportverzögerung entfallende anteilige Reisepreis
	5. Fehlender Transfer vom Flugplatz (Bahnhof) zum Hotel		Kosten des Ersatztransportmittels

Erläuterungen zur Tabelle (von VRiLG a.D. Dr. *Otto Tempel*, Frankfurt / M.):

1. Geringfügige Beeinträchtigungen bleiben außer Betracht.
2. Die Höhe des Prozentsatzes richtet sich bei Rahmensätzen nach der Intensität der Beeinträchtigung. Diese ist in der Regel unabhängig von den Eigenschaften des einzelnen Reisenden (Alter, Geschlecht, besondere Empfindlichkeit). Ausnahmen:
   a) Bei besonderen Eigenschaften oder Gebrechen eines Reisenden, die dem Reiseveranstalter bei der Buchung bekannt waren, kann bei besonders erheblicher Beeinträchtigung der einzelne Tabellensatz und der Höchstprozentsatz um 50 % erhöht werden.
   b) Bei Mängeln der Gruppe III unterbleibt eine Minderung, wenn eine Beeinträchtigung für den Reisenden offenkundig oder nachweisbar nicht gegeben war.
3. Der Prozentsatz wird grundsätzlich vom Gesamtpreis (also einschließlich Transportkosten) erhoben. Dabei werden die vom Reisenden gezahlten Beträge für Versicherungen und Zuschläge für erhöhten Flugkomfort abgezogen.
   a) Soweit Beeinträchtigungen während der Reisedauer nur zeitweilig auftreten, wird für die Minderung der auf die entsprechende Zeit umgelegte Gesamtreisepreis der Minderung zugrunde gelegt. Gleiches gilt, wenn die Gewährleistung des Reiseveranstalters wegen schuldhaft unterlassener Anzeige des Mangels (§ 651 d Abs. 2 BGB) oder wegen Nichtannahme eines zumutbaren Ersatzangebots entfällt.
   b) In Ausnahmefällen (kleinere Mängel bis höchstens 10 %) kann der Prozentsatz dem

(anteiligen) Aufenthaltspreis entnommen werden, wenn durch die Mängel der Gesamtzuschnitt der Reise nicht wesentlich verändert worden ist.

c) Bei zusammengesetzten Reisen (z.B. Rundreise mit anschließendem Hotelaufenthalt) ist die Minderung aus dem Gesamtreisepreis zu berechnen. Soweit einzelne Reiseteile betroffen sind, ist Nr. 3a entsprechend anzuwenden.

4. Bei Vorliegen mehrerer Mängelpositionen werden die Prozentsätze addiert.

   a) Ist Gegenstand des Vertrages die Leistung von Unterkunft und Vollpension, so dürfen folgende Gesamtprozentsätze innerhalb einer Leistungsgruppe nicht überschritten werden:
   Gruppe I (Unterkunft) 50 %
   Gruppe II (Verpflegung) 50 %
   Gruppe III (Sonstiges) 30 %
   Gruppe IV (Transport) 20 %

   b) Ist Gegenstand des Vertrages die Leistung von Unterkunft und Halbpension, so erhöhen sich die Tabellensätze der Gruppe I (mit Ausnahme der Position I.1) um $^{1}/_{4}$ = 25 % und vermindern sich die Tabellensätze der Gruppe II um $^{1}/_{4}$ = 25 %. Dabei dürfen folgende Gesamtprozentsätze innerhalb einer Leistungsgruppe nicht überschritten werden:
   Gruppe I (Unterkunft) 62,5 %
   Gruppe II (Verpflegung) 37,5 %
   Gruppe III (Sonstiges) 30 %
   Gruppe IV (Transport) 20 %

   c) Ist Gegenstand des Vertrages die Leistung von Unterkunft mit Frühstück, so erhöhen sich die Tabellensätze der Gruppe I (mit Ausnahme von Position I.1) um $^{2}/_{3}$ = 66,6 % und vermindern sich die Tabellensätze der Gruppe II um $^2/_3$ = 66,6 %. Dabei dürfen folgende Gesamtprozentsätze innerhalb einer Leistungsgruppe nicht überschritten werden:

Gruppe I (Unterkunft)	83,3 %
Gruppe II (Verpflegung)	16,7 %
Gruppe III (Sonstiges)	30 %
Gruppe IV (Transport)	20 %

d) Ist Gegenstand des Vertrages nur die Leistung von Unterkunft (ohne Verpflegung), so erhöhen sich die Tabellensätze der Gruppe I (mit Ausnahme von Position I.1) um 100 %; im Einzelfall kann der Gesamtprozentsatz der Gruppe I bis 100 % gehen. Für die Gruppe III verbleibt es beim Gesamtprozentsatz von 30 %, für die Gruppe IV beim Gesamtprozentsatz von 20 %.

5. Ist die Reise in ihrer Gesamtheit durch Mängel einzelner Reiseleistungen oder durch Pflichtverletzungen des Reiseveranstalters schuldhaft erheblich beeinträchtigt worden, so kann dem Reisenden über die Minderungssätze der Tabelle nach Nr. 2 und über die in Nr. 3 a vorgesehene Begrenzung auf den betroffenen Zeitraum hinaus der Reisepreis ganz oder teilweise als nutzlose Aufwendung nach § 651 f Abs. 1 BGB erstattet werden.

6. a) Eine Kündigung nach § 651 e Abs. 1 BGB kommt in der Regel nur in Betracht, wenn Mängel mit einem Gesamtgewicht von mindestens 20 % vorliegen. Hierbei ist bei einer Kündigung nach Fristsetzung (§ 651 e Abs. 2 Satz 1 BGB) auf die nicht fristgerecht behobenen Mängel, bei einer sofortigen Kündigung (§ 651 e Abs. 2 Satz 2 BGB) auf die bei Abgabe der Kündigungserklärung vorliegenden Mängel abzustellen.

b) Ein Schadensersatzanspruch nach § 651 f Abs. 1 BGB in Form der Kosten für den Ersatzurlaub kommt in der Regel nur in Betracht, wenn – nicht fristgerecht behobene – erhebliche Mängel die Reise derart beeinträchtigt haben, daß eine Ersatzreise für den Reisenden notwendig ist.

c) Eine Reiseleistung ist ohne Interesse für den Reisenden i. S. des § 651 e Abs. 3 Satz 3 BGB, wenn – nicht fristgerecht behobene – Mängel im Gesamtgewicht von mindestens 50 % vorgelegen haben.

d) Im Rahmen dieser Ziff. 6 a–c bleiben die Ziff. 4 b–d vorgesehene Erhöhung und Verminderung der Prozentsätze außer Betracht.

Quelle: NJW 1985, S. 113 ff.; 1994, S. 1639 f.

Checkliste

Um eine Reisepreisminderung geltend zu machen, müssen folgende Voraussetzungen gegeben sein:

- **Vorliegen eines erheblichen Mangels**
  Die Reise muß unter einem erheblichen Mangel leiden. Geringfügige Beeinträchtigungen berechtigen den Reisenden nicht, den Reisepreis zu mindern.
- **Sofortige Anzeige des Mangels**
  Der Reisemangel muß sofort, nachdem er vom Reisenden entdeckt wurde, dem Reiseveranstalter angezeigt werden, § 651 d Abs. 2 BGB.
- **Fristsetzung zur Mängelbeseitigung**
  Dem Reiseveranstalter ist dabei eine Frist zu setzen, innerhalb derer er den Mangel beheben soll. Eine Fristsetzung ist nur dann entbehrlich, wenn eine Beseitigung des Mangels unmöglich ist oder wenn der Reiseveranstalter die Beseitigung ausdrücklich verweigert.

- **Geltendmachung der Minderung innerhalb eines Monats**
  Gemäß § 651g Abs. 1 BGB muß der Anspruch auf Reisepreisminderung innerhalb eines Monats nach der vertraglich vorgesehenen Beendigung der Reise gegenüber dem Reiseveranstalter geltend gemacht werden. Um später die Einhaltung der Monatsfrist beweisen zu können, sollte der Minderungsanspruch schriftlich per Einschreiben mit Rückschein geltend gemacht werden.
- **Klage innerhalb von sechs Monaten**
  Lehnt der Reiseveranstalter die Reisepreisminderung ab, so muß der Minderungsanspruch spätestens nach 6 Monaten gerichtlich geltend gemacht werden, da der Anspruch innerhalb von 6 Monaten verjährt, § 651g Abs. 2 BGB. **Die Verjährungsfrist beginnt** mit dem **Tag, an dem die Reise dem Vertrag nach enden soll.**

Hinweis

Reiseveranstalter ist die jeweilige Gesellschaft, mit der der Reisende den Reisevertrag abgeschlossen hat. Das Reisebüro ist hier nicht mit dem Reiseveranstalter zu verwechseln. Das **Reisebüro ist nicht der Vertragspartner**.

Beweismittel

Der Reisende sollte sich die **Mängelanzeige vom Reiseveranstalter** am Urlaubsort **bestätigen lassen. Zu Beweiszwecken** sollten auch die Mängel durch **Fotos** oder **Videoaufnahmen** dokumentiert werden. **Mitreisende** sollten sich ihre Adressen austauschen, um im Streitfall **Zeugen** vorweisen zu können.

Muster 104 Mängelanzeige am Urlaubsort

...
Abs.
Urlaubsadresse: ....

Heimatadresse: ....

An den Reiseveranstalter ...

Mängelanzeige

Sehr geehrte ... (Reiseleiter),

nach meiner/unserer Ankunft im Hotel .... mußte/n ich/wir leider feststellen, daß – entgegen der Beschreibung im Reisekatalog – folgende Einrichtungen nicht vorhanden bzw. folgende Mängel gegeben sind:

1. Unterkunft: ....
   (z.B.: DZ statt EZ; Ungeziefer; Lärm; Gerüche; trotz Zusage: kein Balkon, fehlender Meeresblick, keine Klimaanlage)

2. Verpflegung ....
   (z.B.: Eintöniger Speiseplan; verdorbene Speisen; verschmutztes Besteck)

3. Transport: ....
   (z.B.: verspäteter Abflug – ab 4 Stunden relevant; fehlender Transfer vom Flughafen zum Hotel)

4. Sonstiges: ....
   (z.B.: Trotz Zusage: fehlendes Schwimm-

bad, fehlender Tennisplatz, fehlende Sauna, fehlende Reitmöglichkeit, fehlende Animation)

Ich/Wir fordern Sie daher auf, die aufgezeigten Mängel umgehend zu beheben. Zur Vermeidung späterer Divergenzen bitte/n ich/wir um Unterzeichnung der nachfolgenden Erklärung und um Rückgabe des Schreibens.

Mit freundlichen Grüßen

....

Ort, Datum und Unterschrift

Erklärung

Hiermit bestätige ich die Richtigkeit des oben dargestellten Sachverhaltes.

....

Ort, Datum und Unterschrift
des Reiseleiters

Muster 105 Reisepreisminderung

Achtung Die Minderungsaufforderung muß **innerhalb eines Monats** nach Reiseende erfolgen.

...
An den Reiseveranstalter ....
(nicht an das Reisebüro!)

Minderung

Sehr geehrte Damen und Herren,

am .... habe/n ich/wir bei Ihnen über das Reisebüro .... eine Reise nach .... gebucht. Das Reiseprogramm beinhaltete einen ..... -tägigen Aufenthalt vom .... bis zum .... im Hotel ....

Die Reise ist leider nicht ganz zu meiner/unserer Zufriedenheit verlaufen. So mußte/n ich/wir folgende Mängel bei ihrem vor Ort tätigen Reiseleiter reklamieren:

Mängel: ....

Eine Kopie meiner/unserer schriftlichen Mängelanzeige habe/n ich/wir diesem Schreiben beigefügt.

Aufgrund der vorliegenden Reisemängel ist der Reisepreis um ..... % zu mindern. Bitte überweisen Sie den Minderungsbetrag in Höhe von ..... DM auf mein/unser Konto bei der ....-Bank in ...., BLZ ...., Konto-Nr. ....

Sollte eine Zahlung nicht bis zum ....
erfolgt sein, werde/n ich/wir einen Rechtsanwalt einschalten und den Minderungsanspruch gerichtlich geltend machen.

Mit freundlichen Grüßen

....
Ort, Datum und Unterschrift

▶ **Klage auf Reisepreisminderung**
Eine Klage, die auf eine Reisepreisminderung gerichtet ist, kann bis zu einem **Streitwert von 10.000 DM** beim **Amtsgericht** anhängig gemacht werden. Örtlich zuständig ist das Amtsgericht, an dem der Reiseveranstalter seinen Sitz hat. Für Verfahren vor dem Amtsgericht besteht **kein Anwaltszwang**, d.h., auch Privatpersonen können eine Klage beim Amtsgericht einreichen. Sollte sich jedoch der betreffende **Reisefall als schwierig** erweisen, so ist es **ratsam**, sich zuvor **anwaltlichen Rat** einzuholen.

Muster 106 Klage auf Reisepreisminderung

...

An das Amtsgericht ....

Hiermit erhebe ich / wir, ...,
- Kläger/in –

Klage auf Reisepreisminderung

gegen: ....
(Name und Anschrift des Reiseveranstalters,

bei einer GmbH muß auch der Name des Geschäftsführers angegeben werden)

- Beklagte/r –

und beantrage für Recht zu erkennen:

1. Der/Die Beklagte wird verurteilt, an die/den Klägerin/Kläger ..... DM zu zahlen.
2. Die Kosten des Rechtsstreits trägt der/die Beklagte.
3. Das Urteil ist – notfalls gegen Sicherheitsleistung – sofort vollstreckbar.

Begründung

I.

Am .... habe/n ich/wir bei dem/der Beklagten über das Reisebüro .... eine Reise nach .... für ..... DM gebucht. Das Reiseprogramm beinhaltete einen ......-tägigen Aufenthalt vom .... bis zum .... im Hotel .... in ....
Die Reise erwies sich aufgrund folgender Umstände als mangelhaft:

Mängel: ....

Die Reisemängel wurden dem vor Ort tätigen Reiseleiter des/der Beklagten unverzüglich mitgeteilt.

Beweis: Kopie der schriftlichen Mängelanzeige (Anlage 1)

Mit Schreiben vom .... wurde der/die Beklagte zur Zahlung der Reisepreisminderung in Höhe von ..... DM aufgefordert. Dabei wurde dem/der Beklagten eine Zahlungsfrist bis zum .... gesetzt.

Beweis: Schreiben vom... (Anlage 2)

Da keinerlei Zahlung erfolgte, war Klage geboten.

II.

Der Klageanspruch folgt aus §651d BGB. Die obig aufgeführten Mängel berechtigen zur Reisepreisminderung um mindestens .....%. Bei einem Reisepreis von ..... DM beträgt die Minderungssumme daher ..... DM.

....

Ort, Datum und Unterschrift

Verlorengegangene Gepäckstücke

Nach dem Warschauer Abkommen (Abkommen zur Vereinheitlichung von Regeln über die Beförderung im internationalen Luftverkehr) hat eine Fluggesellschaft **Schadensersatz** zu zahlen, wenn aufgegebene **Gepäckstücke zerstört, verloren** oder **beschädigt** werden oder wenn diese erst **verspätet** ankommen, Art. 18, 19 Warschauer Abkommen. Gemäß Art. 22 Warschauer Abkommen ist die Schadensersatzpflicht auf 250 Französische Franken je Kilogramm beschränkt. Für die

Umrechnung der Haftungshöchstgrenze ist die 4. Verordnung über den Umrechnungssatz für Französische Franken vom 4.12.1973 maßgebend (BGHZ 100, 340). Derzeit beläuft sich die **Höchstgrenze** auf **53,50 DM je Kilogramm** (Frankfurter Allgemeine Zeitung vom 5.5.1997).

Verjährung

Zu beachten ist, daß der Schadensersatzanspruch nach Art. 29 des Warschauer Abkommens **innerhalb 2 Jahre** verjährt.

Fristen

Sollte ein Gepäckstück zu spät ankommen, verlorengegangen oder beschädigt worden sein, so muß der Reisende dies **unverzüglich der Fluggesellschaft mitteilen.** Bei **Beschädigung** innerhalb von **sieben Tagen**, bei einer **Verspätung** binnen **einundzwanzig Tagen** nach Erhalt des Reisegepäcks. Die **Beanstandung** muß **auf** den **Beförderungsschein** gesetzt oder in anderer Weise **schriftlich** erklärt werden.

Muster 107 Verlorengegangene Gepäckstücke

...

An die Fluggesellschaft ....

Reklamation

Sehr geehrte Damen und Herren,

wie Sie aus beigefügter Kopie des Flugscheines ersehen können, habe/n ich/wir bei Ihnen am .... einen Flug für den ...... von .... nach .... gebucht.

Bei Flugantritt am .... habe/n ich/wir am Gepäckschalter einen Koffer aufgegeben. Den Gepäckschein habe/n ich/wir diesem Schreiben in Kopie beigefügt.

Am Zielflughafen in .... konnte der Koffer nicht wieder aufgefunden werden. Ihr dort tätiges Personal hat den Koffer vergebens gesucht.

Nach dem Warschauer Abkommen sind Luftfrachtführer bei Verlust eines Gepäckstückes zum Schadensersatz verpflichtet. Da der Koffer nach dem Gepäckschein ein Gewicht von ..... kg hatte, habe/n ich/wir Sie aufzufordern, mir/uns einen Betrag von ..... DM bis zum .... (ca. 1 Monat) auf mein/unser Konto bei der ....-Bank, BLZ ...., Konto-Nr. ...., zu überweisen.

Mit freundlichen Grüßen

....
Ort, Datum und Unterschrift

19. Steuerrecht

Siehe »Finanzamt« Seite 88 ff.

Wiedereinsetzung in den vorigen Stand

Wenn eine prozessuale Frist oder ein Termin versäumt wird, kann die Wirkung der Versäumung durch Wiedereinsetzung in den vorigen Stand beseitigt werden. **Voraussetzung** ist eine **Versäumung ohne Verschulden.** Der Antrag auf Wiedereinsetzung ist in steuerlichen Angelegenheiten **innerhalb eines Monats** nach Wegfall des Hindernisses unter Nachholung der versäumten Handlung zu stellen. Die **Tatsachen** zur Begründung des Antrags **müssen glaubhaft gemacht werden.**

Muster 107a Antrag auf Wiedereinsetzung in den vorigen Stand

...
An das Finanzamt ....
Rechtsbehelfsstelle

Steuer-Nr. .....
Einspruch gegen den Steuerbescheid vom ....; Antrag auf Wiedereinsetzung in den vorigen Stand

Sehr geehrte Damen und Herren,

mit Schreiben vom 9.11.19.. haben Sie mir

mitgeteilt, daß mein Einspruch gegen den Steuerbescheid vom .... erst am 6.10.19...... und damit nach Ablauf der Rechtsbehelfsfrist bei Ihnen eingegangen ist.

Ich **beantrage** für die versäumte Rechtsbehelfsfrist
Wiedereinsetzung in den vorigen Stand.

Eine schuldhafte Versäumung der Rechtsbehelfsfrist liegt aus folgendem Grunde nicht vor:

Ich habe den Brief am 1.10.19.. vormittags in den Briefkasten des Postamtes .... eingeworfen. Nach einer neben dem Briefkasten angebrachten Postlauftafel (nach Auskunft des Leiters des Postamts) erreichen die bis 16.45 Uhr in den Postbriefkasten eingeworfenen Sendungen am folgenden Werktag ihre Empfänger in dem Umkreis von ....

Daher hätte mein Rechtsbehelf bei normalem Postlauf am 3.10.19.., d.h. am letzten Tag der Rechtsbehelfsfrist, bei Ihnen eingehen müssen. An einer verzögerten Postbeförderung und dadurch eingetretenen Fristversäumung trifft mich kein Verschulden. Meine Angaben kann ich durch Bescheinigung des Postamtsleiters glaubhaft machen.

Mit freundlichen Grüßen

....
Ort, Datum und Unterschrift

20. Verkehr

Einspruch gegen einen Bußgeldbescheid

Die meisten Verkehrsverstöße sind **Verkehrsordnungswidrigkeiten.** Der Unterschied der Ordnungswidrigkeiten zu Straftaten besteht darin, daß die Ordnungswidrigkeiten keinen kriminellen Gehalt haben. Demnach erhält der Betroffene auch keine Strafe nach dem Strafgesetzbuch, sondern einen **Bußgeldbescheid.** Ist der Bußgeldbescheid **zu Unrecht** ergangen, besteht die Möglichkeit, gegen diesen einen **Einspruch** nach § 67 OWiG einzulegen. Nach § 67 OWiG muß der Einspruch innerhalb von **zwei Wochen nach Zustellung schriftlich oder zur Niederschrift** bei der **Verwaltungsbehörde,** die den Bescheid erlassen hat, eingelegt werden. Über den Einspruch gegen den Bußgeldbescheid **entscheidet** das **Amtsgericht,** in dessen Bezirk die Behörde ihren Sitz hat.

Muster 108 Einspruch gegen Bußgeldbescheid

...
An das Ordnungsamt ....

Einspruch gegen Bußgeldbescheid

Sehr geehrte Damen und Herren,

hiermit lege ich gegen den Bußgeldbescheid (Az:...), welcher mir am .... zugestellt wurde, Einspruch ein.

In dem Bescheid wird mir zur Last gelegt,

....

(es folgt eine Beschreibung der vorgeworfenen Ordnungwidrigkeit)

Beispiel:

..... daß ich mit einem grünen VW-Golf mit dem polizeilichen Kennzeichen KN-AC 123 ein Wechsellichtzeichen, welches sich schon länger als 1 Sekunde in der Rotphase befand, überfahren haben soll. Der Verstoß soll am .... in der .... -Straße in .... stattgefunden haben. In dem Bescheid wird mir eine Geldbuße von 250 DM und ein Fahrverbot von einem Monat auferlegt. Offensichtlich liegt hier eine Verwechslung vor. Ich bin Halter eines roten VW-Golfs mit dem polizeilichen Kennzeichen KN-AD 122. Zum fraglichen Zeitpunkt befand ich mich mit meiner Familie im Urlaub auf Mallorca. Insoweit füge ich meinem Einspruch eine Kopie des abgestempelten Flugtickets bei.

Da ich demnach die Ordnungswidrigkeit nicht begangen haben kann, bitte ich Sie, den Bußgeldbescheid zurückzunehmen.

Mit freundlichen Grüßen

....

Ort, Datum und Unterschrift

Einspruch gegen Verwarnungsgeld

Bei **geringfügigen Ordnungswidrigkeiten** kann die Verwaltungsbehörde (Polizei), anstatt einen Bußgeldbescheid zu erlassen, eine **Verwarnung** aussprechen und ein **Verwarnungsgeld von 5,– bis 75,– DM** erheben, § 56 OWiG. Eine solche **Verwarnung ist nur wirksam**, wenn der Betroffene **nach Belehrung über** sein **Weigerungsrecht** mit ihr einverstanden ist und das **Verwarnungsgeld** entweder **sofort zahlt oder** – in der Regel – **innerhalb einer Woche überweist**. Zahlt der Betroffene das Verwarnungsgeld nicht, so erläßt die Behörde einen Bußgeldbescheid. Um den Erlaß eines Bußgeldbescheides bereits im Vorfeld zu verhindern, kann der Betroffene **Einspruch gegen** das **Verwarnungsgeld** einlegen, soweit er der Ansicht ist, daß das Verwarnungsgeld zu Unrecht ausgesprochen wurde.

Muster 109 Einspruch gegen Verwarnungsgeld

...

An das Ordnungsamt ....

Einspruch gegen Verwarnungsgeld

Sehr geehrte Damen und Herren,

hiermit lege ich Einspruch gegen den Verwarnungsgeldbescheid vom .... ein.

In dem Bescheid wird mir zur Last gelegt,

....

(es folgt eine genaue Beschreibung der vorgeworfenen Ordnungswidrigkeit)

Beispiel:
........im eingeschränkten Halteverbot geparkt zu haben.
Am .... um ..... Uhr bin ich in die ....-Straße in .... gefahren. Ich beabsichtigte dort, den Sessel eines Kunden zum Restaurieren abzuholen, und hielt deshalb meinen Firmenwagen kurz vor dessen Haustür an. Daraufhin bin ich zu dem Kunden, der im 3. Stock wohnt, hochgelaufen und habe den Sessel mitgenommen. Als ich nach etwa fünf Minuten das Haus verließ, war an meiner Windschutzscheibe ein »Strafzettel« angebracht. Darin wurde mir vorgeworfen, im eingeschränkten Halteverbot geparkt zu haben. Weiterhin wurde mir ein Verwarnungsgeld von 30,– DM auferlegt.
Mit dem Verwarnungsgeld bin ich nicht einverstanden. Im eingeschränkten Halteverbot ist das Be- und Entladen erlaubt, § 41 Zeichen 286 StVO. Die Beladung meines Wagens mit dem Sessel habe ich zügig durchgeführt.

Ich bitte Sie daher, die Verwarnung und den Ausspruch über das Verwarnungsgeld zurückzunehmen.

Mit freundlichen Grüßen

....
Ort, Datum und Unterschrift

Verkehrsunfall

▸ Schreiben an die gegnerische Versicherung

Ist jemand offensichtlich **schuldlos** in einen **Verkehrsunfall** verwickelt worden und kam es dabei zu einem **Sachschaden**, so sollte die **gegnerische Versicherung** aufgefordert werden, eine **uneingeschränkte Schadensersatzpflichterklärung** abzugeben. Hat die Versicherung die Schadensersatzpflicht dem Grunde nach anerkannt, so besteht für den Geschädigten die Gewißheit, daß alle nachfolgenden notwendigen **Reparaturkosten von der Versicherung ersetzt** werden. Ist der beschädigte Wagen **bereits repariert** worden, so kann man in dem **Schreiben** auch gleich die genauen **Schadenspositionen aufführen.**

Checkliste

Als **Schadenspositionen** kommen folgende Punkte in Betracht:

- Fahrzeugschaden
- Sachverständigenkosten (ab einem Schaden von ca. 1.000,– DM)
- Nutzungsausfallkosten oder Mietwagenkosten
- Vorhaltekosten (allgemeiner täglicher Wertverlust, Steuer- und Versicherungskosten, die entstehen, ohne daß man das Fahrzeug nutzen kann)
- Abschleppkosten
- Entsorgungskosten
- Kosten der An- und Abmeldung
- Schilderkosten
- Auslagenpauschale (Entschädigung für die gesamte Schadensabwicklung, ohne daß die Auslagen konkret nachgewiesen werden müssen. Die Höhe wird von den Gerichten unterschiedlich gehandhabt, so werden zwischen 30,– DM und 50,– DM anerkannt.)
- Rechtsanwaltskosten

Bei **Verkehrsunfällen mit Körperverletzungen** oder **hohen Sachschäden** sollte man einen **Rechtsanwalt** mit der Geltendmachung seiner Rechte beauftragen, da zum einen das **Risiko** gegeben ist, als Laie etwas **Wesentliches zu übersehen**, und zum anderen die gegnerische Versicherung die Rechtsanwaltskosten ersetzen muß, wenn man selbst am Unfall schuldlos war.

Muster 110 Schadensersatz nach Verkehrsunfall

...

An die Versicherung ....

Schadensersatz nach Verkehrsunfall

Sehr geehrte Damen und Herren,

hiermit teile ich Ihnen folgenden Schadensfall mit:

Am .... gegen ..... Uhr befuhr ich mit meinem PKW .... mit dem amtlichen Kennzeichen .... die ....-Straße in ....
Dort kam mir Herr/Frau .... wohnhaft in .... als Fahrer/in des bei Ihnen versicherten Fahrzeuges .... mit dem amtlichen Kennzeichen .... entgegen.
Herr/Frau .... streifte ohne ersichtlichen Grund meine linke Fahrzeugseite. Dabei wurden der linke Kotflügel und die Fahrertür erheblich beschädigt.

Der geschilderte Verkehrsunfall wurde von Herrn/Frau .... allein verursacht und verschuldet. Während ich mein Fahrzeug auf meiner Fahrbahnseite führte, überfuhr Herr/Frau .... die durchgezogene Fahrbahnlinie.

Der Unfall wurde von den Polizeibeamten .... vom Polizeirevier .... aufgenommen. Das Unfallprotokoll habe ich Ihnen in der Anlage als Kopie beigefügt. Als Unfallzeugen kann ich ...., wohnhaft in ...., benennen.

Den entstandenen Schaden an meinem PKW werde ich durch einen Sachverständigen begutachten lassen. Die genaue Schadenshöhe werde ich Ihnen nach Vorlage des Gutachtens mitteilen. Vorab bitte ich Sie um möglichst baldige Bestätigung Ihrer uneingeschränkten Schadensersatzpflicht.

Mit freundlichen Grüßen

....

Ort, Datum und Unterschrift

Muster 111 Genaue Schadensbezifferung

...
An die Versicherung ....

Schadensersatz nach Verkehrsunfall
Ihr Versicherungsnehmer: ....
Versicherungs-Nr. ....

Sehr geehrte Damen und Herren,

hiermit fordere ich Sie auf, mir Schadensersatz in Höhe von... DM zu leisten. Der Schaden ist anläßlich eines Unfalls mit einem bei Ihnen versicherten Fahrzeug entstanden.

Der Schadensersatzforderung liegt folgendes Unfallgeschehen zugrunde:

Am .... gegen .....Uhr befuhr ich mit meinem PKW .... mit dem amtlichen Kennzeichen .... die ....-Straße in ....
Dort kam mir Herr/Frau ....
wohnhaft in .... als Fahrer/in des bei Ihnen versicherten Fahrzeuges .... mit dem amtlichen Kennzeichen .... entgegen.
Herr/Frau .... streifte ohne ersichtlichen Grund meine linke Fahrzeugseite. Dabei wurden der linke Kotflügel und die Fahrertür erheblich beschädigt.

Der geschilderte Verkehrsunfall wurde von Herrn/Frau .... allein verursacht und verschuldet. Während ich mein Fahrzeug auf meiner Fahrbahnseite führte, überfuhr Herr/Frau .... die durchgezogene Fahrbahnlinie.

Der Unfall wurde von den Polizeibeamten .... vom Polizeirevier .... aufgenommen. Das Unfallprotokoll habe ich Ihnen in der Anlage als Kopie beigefügt. Als Unfallzeugen kann ich ...., wohnhaft in ...., benennen.

Aufgrund des Unfalls sind mir folgende Kosten entstanden:

a) **Fahrzeugschaden**
Die Reparatur des Wagens hat ausweislich beigefügter Rechnung der Kraftfahrzeugwerkstatt ..... DM gekostet.
b) **Sachverständigengutachten**
Den entstandenen Schaden an meinem Wagen habe ich durch einen Sachverständigen begutachten lassen. Diesbezüglich hat mir der Sachverständige eine Rechnung in Höhe von ..... DM gestellt.
c) **Mietwagenkosten**
Da die Seitentüre nicht sofort lieferbar war, mußte ich 3 Tage warten, bis mein Fahrzeug repariert werden konnte. In dieser Zeit habe ich ein Fahrzeug einer nächstniedrigeren Fahrzeugklasse gewählt. An Mietkosten sind mir dadurch .... DM entstanden.
d) **Auslagenpauschale**
Für meine Auslagen mache ich eine Pauschale in Höhe von 40,– DM geltend.

Aus den einzelnen Schadenspositionen ergibt sich ein Gesamtschaden in Höhe von … DM. Bitte überweisen Sie mir diesen Betrag bis spätestens … auf mein Konto bei der … -Bank in …, BLZ …, Konto-Nr. … .

Sollte bis zu dem genannten Termin keine vollständige Bezahlung des Betrags erfolgt sein, werde ich unverzüglich einen Rechtsanwalt mit der Wahrung meiner Interessen beauftragen.

Mit freundlichen Grüßen

………………………………

Ort, Datum und Unterschrift

21. Wohnungseigentum

Anfechtung von Beschlüssen

Das **Verhältnis von Wohnungseigentümern** untereinander bestimmt sich **nach** dem **Wohnungseigentumsgesetz** (WEG). Nach §23 Abs. 1 WEG können Wohnungseigentümer in einer Versammlung über ihre Angelegenheiten **Beschlüsse** fassen (z.B. Beschlüsse über Reparatur- und Erneuerungsmaßnahmen, Änderung der Hausordnung etc.). Wird ein solcher **Beschluß bestandskräftig** (unanfechtbar), so sind **alle** Wohnungseigentümer **an ihn gebunden**, soweit der Beschluß nicht nichtig ist. Ein solcher Fall ist z.B. dann gegeben, wenn der Beschluß gegen ein gesetzliches Verbot oder gegen die guten Sitten verstößt.

Anfechtung

In anderen Fällen, in denen ein **Beschluß** lediglich **fehlerhaft** ist, z.B. wegen unterlassener Einladung von Wohnungseigentümern, mangelnder Anzeige der Tagesordnung oder mangelnder Beschlußfähigkeit, kann sich ein Wohnungseigentümer durch die sogenannte **Anfechtungsklage** nach §43 Abs. 1 Nr. 4 WEG zur Wehr setzen. Der **Antrag auf Ungültigkeitserklärung** ist **beim Amtsgericht, Abteilung für Wohnungseigentumssachen**, einzureichen.

Frist

Zu beachten ist, daß ein solcher Antrag nur **binnen eines Monats seit der Beschlußfassung** gestellt werden kann, §23 Abs. 4 WEG. Dies bedeutet, daß es für den Fristbeginn weder auf die Kenntnis des Wohnungseigentümers von der Existenz und dem

Inhalt des Beschlusses ankommt, noch auf die Erstellung des Protokolls durch den Verwalter (Bärmann/Pick, WEG-Kommentar, 13. Aufl., § 23 RdNr. 26).

Antragsgegner

In dem Antrag müssen als **Antragsgegner alle restlichen Wohnungseigentümer** genannt werden.

Muster 112 Anfechtung eines WEG-Beschlusses

...

An das Amtsgericht ....
– Abteilung für Wohnungseigentumssachen

In dem WEG-Verfahren

....
(Name, Anschrift)

- Antragsteller –

gegen

....
....
(Name und Anschriften aller restlichen Wohnungseigentümer)

- Antragsgegner –

Verwalter der Wohnungseigentumsanlage:

....
(Name, Anschrift)

Wegen Ungültigkeit eines Beschlusses
beantrage ich, wie folgt zu erkennen:

1. Die Beschlüsse der Wohnungseigentümergemeinschaft vom .... zu den Tagesordnungspunkten

   a) ....
   b) ....

   werden für ungültig erklärt.

2. Den Antragsgegnern werden die Kosten des Verfahrens auferlegt.

Begründung

In der Versammlung der Wohnungseigentümer der Wohnungseigentumsanlage in.... wurde am .... zu dem/den Tagesordnungspunkt/en .... folgender Beschluß gefaßt:

a) ....
b) ....

Der Beschluß ist ungültig, da ....

(Es folgt eine genaue Darlegung, weshalb der Beschluß ungültig ist

Beispiel:
- Nichteinladung eines Wohnungseigentümers,
- Fehlende Beschlußfähigkeit der anwesenden Wohnungseigentümer
- Eingriff in Sondereigentum etc.

....
Unterschrift des antragstellenden Wohnungseigentümers

Wirtschaftsplan

Der **Verwalter** einer Wohnungseigentümergemeinschaft hat gemäß § 28 Wohnungseigentumsgesetz (WEG) für das jeweilige Kalenderjahr einen **Wirtschaftsplan** aufzustellen. Die Aufstellung des Wirtschaftsplanes **kann von** jedem einzelnen **Wohnungseigentümer** gemäß § 21 Abs. 5 Nr. 5 i. V. m. Abs. 4 WEG **verlangt werden.**

Muster 113 Erstellung eines Wirtschaftsplanes

...

An den Verwalter der Wohnungseigentümergemeinschaft ....

Aufstellung eines Wirtschaftsplans

Sehr geehrter ....,

nach § 28 WEG gehört es zu Ihren Aufgaben als Verwalter unserer Wohnungseigentümergemeinschaft, für ein Kalenderjahr einen Wirtschaftsplan aufzustellen. Einen solchen Plan haben Sie bis zum heutigen Tage noch nicht erstellt, obwohl wir zwischenzeitlich schon den Monat April haben.

Als Wohnungseigentümer kann ich verlangen, daß Sie für die Wohnungseigentümergemeinschaft einen Wirtschaftsplan aufstellen. Ich fordere Sie hiermit auf, einen solchen Plan bis spätestens .... aufzustellen.

Sollten Sie der Aufforderung nicht fristgemäß nachkommen, müßte ich auf gerichtlichem Wege die Aufstellung des Wirtschaftsplanes erzwingen, § 21 Abs. 5 Nr. 5 mit Abs. 4 i.V.m. § 43 Abs. 1 Nr. 2 WEG.

Mit freundlichen Grüßen

....
Datum und Unterschrift

▸ Fehlerhafter Wirtschaftsplan des Verwalters

Inhalt

In dem Wirtschaftsplan müssen **folgende Angaben** enthalten sein:

- Voraussichtliche Einnahmen und Ausgaben der Verwaltung
- Umlegung der Lasten und Kosten entsprechend des jeweiligen Verteilerschlüssels
- Höhe der Beitragsleistung für die vorgesehene Instandhaltungsrückstellung

Fehlt dem **Wirtschaftsplan** eine **Angabe über** die zu erwartenden **Ausgaben** bzw. voraussichtlichen **Einnahmen,** so verstößt er gegen den **Grundsatz der ordnungsgemäßen Verwaltung** (BayObGZ 1986, S. 269). Insoweit steht jedem Wohnungseigentümer das **Recht** zu, sich beim Verwalter **wegen der Fehlerhaftigkeit zu beschweren.**

Muster 114 Fehlerhafter Wirtschaftsplan

...

An den Verwalter der Wohnungseigentümergemeinschaft ....

Sehr geehrter ....,

mit Schreiben vom ... haben Sie mir/uns den Wirtschaftsplan für das Kalenderjahr .... zugesandt. Der von Ihnen aufgestellte Wirtschaftsplan ist jedoch fehlerhaft.

(Es folgt eine genaue Begründung)

Beispiel:
In dem Wirtschaftsplan sind nicht alle tatsächlichen Ausgaben aufgenommen worden. Es fehlt beispielsweise die Gartensanierung, die aus der Gemeinschaftskasse bezahlt wird.

Da in den Wirtschaftsplan alle zu erwartenden Ausgaben aufzunehmen sind, ist der von Ihnen erstellte Plan unvollständig und damit fehlerhaft. Ich bitte Sie daher, bis zur nächsten Wohnungseigentümerversammlung einen Nachtrag vorzunehmen.

Mit freundlichen Grüßen

....
Datum und Unterschrift

Gemeinschaftseigentum

Verletzung

Bei einer **Wohnungseigentümergemeinschaft** gibt es immer wieder einzelne Wohnungseigentümer, die das Gemeinschaftseigentum für ihre eigenen Zwecke verwenden wollen und sich **ohne Rücksprache** mit den anderen Eigentümern über die **gemeinschaftlichen Gebrauchsregelungen hinwegsetzen.** Ein solches Handeln stellt eine **Verletzung des Gemeinschaftseigentums** dar, da das Recht zum Mitgebrauch des Gemeinschaftseigentums den einzelnen Wohnungseigentümern nur im Rahmen und in den Grenzen einer **vorher bestimmten Gebrauchsregelung** zusteht (*Oberlandesgericht Düsseldorf*, Urteil vom 24.8.1994, 3 Wx 254/94). Stellt ein Wohnungseigentümer fest, daß ein anderer Eigentümer das Gemeinschaftseigentum verletzt, so sollte er **zunächst** den **Betreffenden selbst darauf ansprechen.** Ist ein solches Gespräch erfolglos geblieben, ist die **zuständige Hausverwaltung** zu **informieren.**

Muster 115 Verletzung des Gemeinschaftseigentums

...

An den Verwalter der Wohnungseigentümergemeinschaft ....

Verletzung des Gemeinschaftseigentums

Sehr geehrter ....,

wie Ihnen bekannt ist, bin ich Wohnungseigentümer der Wohnungseigentumsanlage
....

Hiermit möchte ich mich bei Ihnen über den/die Miteigentümer .... beschweren, da diese/r meiner Meinung nach das Gemeinschaftseigentum verletzt hat.

Der Verletzung liegt folgender Vorfall zugrunde:

(Es folgt eine genaue Schilderung der Verletzungshandlung)

Beispiel:
Meine Wohnung liegt im Erdgeschoß der Wohnungseigentumsanlage. Frau/Herr .... wohnt genau über mir. Am letzten Wochenende bemerkte ich, daß Frau/Herr .... anfing, an dem Baum vor meinem Fenster – der auf Gemeinschaftseigentum steht – die Äste abzusägen. Ich sprach sogleich Frau/Herrn .... an und bat darum, keine weiteren Äste mehr abzusägen. Frau/Herr .... meinte zu mir, daß die Äste immer größer würden und dadurch der Ausblick aus ihrer/seiner Wohnung eingeschränkt sei, weshalb sie/er berechtigt sei, alle störenden Äste zu entfernen.
Meiner Meinung nach war Frau/Herr .... nicht berechtigt, die Äste abzusägen. Da es sich bei dem Baum um Gemeinschaftseigentum handelt, hätte das Absägen eines Beschlusses aller Wohnungseigentümer bedurft. Sicherlich hätte man in einem solchen Beschluß auch festgelegt, daß die Arbei-

ten, soweit überhaupt erforderlich, von einer Gartenbaufirma fachmännisch ausgeführt werden.

Ich bitte Sie, Frau/Herrn ....
auf den Vorfall anzusprechen und sie/ihn aufzufordern, zukünftig das Gemeinschaftseigentum nicht mehr zu verletzen.

Weiterhin bitte ich Sie, diesen Vorfall auf die Tagesordnung der nächsten Wohnungseigentümerversammlung zu setzen.

Mit freundlichen Grüßen

....

Datum und Unterschrift

22. Werkvertragsrecht

Leistungsverzögerung/Verzug

Vielfach besteht bei der Beauftragung von Handwerkern das **Problem**, einen **zeitigen Ausführungstermin** zu erhalten. Insoweit sollte man bei Auftragserteilung mit dem betreffenden Handwerker immer einen **festen Termin festlegen**. Kommt der Handwerker nicht zum vereinbarten Termin, so befindet er sich im **Verzug**. In einem solchen Fall kann der Besteller gemäß §§ 286, 326 BGB den Handwerker nochmals **unter Angabe einer letzten Frist auffordern**, die beauftragten Leistungen zu erbringen, und erklären, daß er **nach Ablauf dieser Frist** die **Leistungen ablehnen** werde (s. Muster 116, S. 258).

Mängelanzeige

Der Handwerker schuldet dem Besteller ein **mangelfreies Werk**, d.h., es darf **keine Fehler** haben und muß die **zugesicherten Eigenschaften** beinhalten, § 633 BGB.

Stellt man **bei** oder **nach Entgegennahme** des Werkes fest, daß es **mangelhaft** ist, so sollte dies **sofort beim Handwerker reklamiert** werden. Dabei muß dem Handwerker die **Gelegenheit** gegeben werden, die **Mängel auf seine Kosten zu beheben**. Nach **Ablauf der Frist** kann eine **Nachbesserung abgelehnt** werden und die **Rückgängigmachung des Vertrages**, eine **Herabsetzung der Vergütung** oder **Schadensersatz wegen**

Muster 116 Leistungsverzögerung/Verzug

...

Mahnung

Sehr geehrte Damen und Herren,

am .... beauftragte/n ich/wir Sie, folgende Arbeiten durchzuführen: ....
Bei Auftragserteilung sicherten Sie als Ausführungstermin den .... zu.

Da die Arbeiten bis zum heutigen Tage nicht ausgeführt worden sind, fordere/n ich/wir Sie hiermit auf, die vorgenannten Leistungen bis spätestens zum .... zu erbringen. Nach Ablauf der Frist werde/n ich/wir jegliche Leistungserbringung durch Sie ablehnen. Das Recht auf Schadensersatz wegen Nichterfüllung bzw. das Rücktrittsrecht behalte/n ich/wir uns ausdrücklich vor.

Mit freundlichen Grüßen

....

Ort, Datum, Unterschrift

Nichterfüllung verlangt werden (s. Muster 117 u. Muster 118, S. 259f.).

Muster 117 Nachbesserung

…

Aufforderung zur Nachbesserung

Sehr geehrte Damen und Herren,

am .... haben Sie Ihre .... Arbeiten an/bei .... beendet. Bei Abnahme des Werkes wurden folgende Mängel entdeckt und Ihnen mitgeteilt: ....
Ich/Wir fordere/fordern Sie deshalb auf, die festgestellten Mängel bis spätestens zum .... zu beseitigen.

Sollten Sie diese Frist ungenutzt verstreichen lassen, werden wir weitere rechtliche Schritte einleiten.

Mit freundlichen Grüßen

....
Ort, Datum, Unterschrift

Muster 118 Ablehnungsandrohung

…

Letzte Aufforderung zur Nachbesserung

Sehr geehrte Damen und Herren,

am .... haben wir Sie aufgefordert, die

an Ihrer Arbeit festgestellten Mängel bis zum .... zu beseitigen.
Da die Frist nunmehr abgelaufen ist, fordern wir Sie hiermit letztmals auf, die Mängel bis spätestens zum .... zu beseitigen.

Nach Ablauf der Frist werde/n ich/wir jegliche Leistung ablehnen. Danach werden wir die Mängelbeseitigung durch eine andere Firma vornehmen lassen und Ihnen in Rechnung stellen.

Mit freundlichen Grüßen

....
Ort, Datum, Unterschrift

Fehlerhafte Rechnung

Rechnungen sollten **genau auf** ihre **Richtigkeit durchgesehen** werden. Leider kommt es immer wieder vor, daß **Rechnungen fehlerhaft** sind.

▸ Rechnung für Kostenvoranschlag
Nach einer Entscheidung des *Amtsgerichts Frankfurt* vom 1.9.1997 (Az.: 29 C 1168/97–69) sind **Kostenvoranschläge für Kunden** grundsätzlich **kostenlos**. Eine **Vergütung** für einen Kostenvoranschlag kann nur dann verlangt werden, **wenn** sie vorher **ausdrücklich vereinbart** worden ist. Ein Kostenvoranschlag ist nämlich keine eigenständige Leistung, sondern dient nur der Vorbereitung einer solchen.

Muster 119 Rechnung für Kostenvoranschlag

...

Ihre Rechnung vom ....

Sehr geehrte Damen und Herren,

am .... haben Sie mir eine Rechnung für einen von Ihnen erstellten Kostenvoranschlag zugesandt.

Nach der Rechtsprechung müssen Kostenvoranschläge kostenlos sein, wenn vorher nicht ausdrücklich etwas anderes vereinbart wurde. Da Sie mit mir keinerlei Vereinbarung hinsichtlich der Vergütung des Kostenvoranschlages getroffen haben, werde ich die obige Rechnung nicht bezahlen.

Mit freundlichen Grüßen

....

Ort, Datum, Unterschrift

▶ Überhöhte Arbeitszeit

Bei den **in** der **Rechnung angegebenen Arbeitszeiten** sollte man **genau nachprüfen**, ob diese auch mit der eigentlich getätigten Arbeit übereinstimmen.

Muster 120 Überhöhte Arbeitszeit

...

Ihre Rechnung vom ....

Sehr geehrte Damen und Herren,

am .... haben Sie mir eine Rechnung zugesandt. Dabei gaben Sie an, ... Stunden für die Erstellung des .... aufgewendet zu haben. Die angegebene Stundenzahl ist unrichtig.

(Genaue Ausführung, wieso die Stundenzahl unrichtig ist.)

> *Beispiel*:
> Wie ich von meiner Frau erfahren habe, sind Sie am Montag um 10 Uhr gekommen, um mit der Arbeit zu beginnen. Ihre Arbeiten haben Sie um 14 Uhr beendet. Insoweit sind höchstens 4 Stunden an Arbeitszeit angefallen. Die von Ihnen in Rechnung gestellten 6 Stunden sind deshalb nicht nachzuvollziehen.

Ich bitte Sie daher, mir eine korrigierte Rechnung zukommen zu lassen.

Mit freundlichen Grüßen

....
Ort, Datum, Unterschrift

Muster 121 Unrichtige Fahrtzeitenangabe

...

Ihre Rechnung vom ....

Sehr geehrte Damen und Herren,

am .... haben Sie mir eine Rechnung zugesandt. Dabei gaben Sie eine Anfahrtszeit von ..... Stunden an. Die angegebene Stundenzahl kann nicht richtig sein.

(Genaue Ausführung, wieso die Stundenzahl unrichtig ist.)

> *Beispiel*:
> Von Ihrer Werkstatt in ....
> zu unserem Haus sind es höchstens 10 km. Es ist für uns nicht nachvollziehbar, inwieweit Sie für 10 km 4 Stunden benötigen. Sicher ist Ihnen ein Versehen unterlaufen.

Bitte übersenden Sie uns daher eine korrigierte Rechnung mit der korrekten Anfahrtszeit.

Mit freundlichen Grüßen

....
Ort, Datum, Unterschrift

Muster 122 Erbringung nichtbeauftragter Leistungen

...

Ihre Rechnung vom ....

Sehr geehrte Damen und Herren,

am .... haben Sie mir eine Rechnung zugesandt. Dabei haben Sie mir die Reparatur von .... in Rechnung gestellt. Diesbezüglich sind Sie jedoch nicht von mir beauftragt worden.

Die Rechnungsposition werde ich daher nicht bezahlen, sondern nur den verbleibenden Betrag in Höhe von ..... DM.

Mit freundlichen Grüßen

....

Ort, Datum, Unterschrift

IV. Was tun, wenn Schreiben erfolglos bleiben?

Im Falle eines **erfolglosen Schreibens** sollte man sich **rechtskundigen Rat** einholen. Oft kann das **rechtzeitige** Einschalten eines guten Ratgebers Schlimmeres, insbesondere unnötige und langwierige Auseinandersetzungen vermeiden.

Guten Rat bieten insbesondere nachfolgende Organisationen:

1. Verbraucherzentralen

Die Verbraucherzentralen können vielfach Rechtssuchenden **erste Hilfestellungen** geben. Die einzelnen Stellen der Verbraucherzentralen sind nach den jeweiligen Bundesländern geordnet. Ihnen sind die örtlichen Beratungsstellen untergeordnet:

Arbeitsgemeinschaft der
Verbraucherverbände e.V.
Heilsbachstr. 20
53123 Bonn
02 28/6 48 90

Verbraucherschutzverein e.V.
Bayreuther Str. 41
10787 Berlin
0 30/2 14 87 40

Vz Baden-Württemberg e.V.
Paulinenstraße 47
70178 Stuttgart
07 11/6 69 10

Vz Bayern e.V.
Mozartstraße 9
80336 München
0 89/53 98 70

Vz Berlin e.V.
Bayreuther Straße 40
10787 Berlin
0 30/21 48 50

Vz Brandenburg e.V.
Hegelallee 6–8, Haus 9
14467 Potsdam
03 31/2 89 33 33

Vz Bremen e.V.
Altenweg 4
28195 Bremen
04 21/16 07 77

Vz Hamburg e.V.
Große Bleichen 23
20099 Hamburg
0 40/24 83 22 00

Vz Hessen e.V.
Reuterweg 51–53
60323 Frankfurt a. M.
0 69/9 72 01 00

Vz Mecklenburg-Vorpommern e.V.
Strandstraße 98
18055 Rostock
03 81/49 39 80

Vz Niedersachsen e.V.
Herrenstraße 14
30159 Hannover
05 11/9 11 96 01

Vz Nordrhein-Westfalen e.V.
Mintropstraße 27
40215 Düsseldorf
02 11/3 80 90

Vz Rheinland-Pfalz e.V.
Mittlere Bleiche 53–57
55116 Mainz
0 61 31/2 84 40

Vz Saarland e.V.
Hohenzollernstraße 11
66117 Saarbrücken
06 81/50 08 90

Vz Sachsen e.V.
Bernhardstraße 7
04315 Leipzig
03 41/6 89 30 41

Vz Sachsen-Anhalt e.V.
Steinbockgasse 1
06108 Halle
03 45/2 98 03 11

Vz Schleswig-Holstein e.V.
Bergstraße 24
24103 Kiel
04 31/5 12 86

Vz Thüringen e.V.
Eugen-Richter-Straße 45
99085 Erfurt
03 61/55 51 40

2. Mietervereine

Mietervereine gibt es fast in jeder Stadt. Sie bieten **ihren Vereinsmitgliedern** Beratungshilfe in **Mietstreitigkeiten**. Den nächsten Mieterverein findet man am leichtesten im Telefonbuch. Sollte man die Anschrift nicht ausfindig machen, oder gibt es an dem betreffenden Wohnort keinen Mieterverein, so kann man sich an den zuständigen Landesverband im **Deutschen Mieterbund** wenden:

Landesverband
Baden-Württemberg
Urbanstraße 30
70182 Stuttgart
07 11/2 36 06 00

Landesverband Bayern
Weißenburger Straße 16
63739 Aschaffenburg
0 60 21/1 58 87

Berliner Mieterverein e.V.
Landesverband des DMB
Wilhelmstraße 74
10117 Berlin
0 30/22 62 60

Landesverband Mieterbund
Land Brandenburg e.V.
Schopenhauerstr. 31
14467 Potsdam
03 31/9 51 08 90

Mieterverein zu Hamburg
von 1890 R. V. Landesverband
Glockengießerwall 2 (Wallhof)
20095 Hamburg
0 40/32 25 41

Landesverband Hessen e.V.
Adelheidstraße 70
65185 Wiesbaden
06 11/37 90 41

Landesverband
Mecklenburg-Vorpommern e.V.
Warnowallee 23
18107 Rostock
03 81/7 69 78 16

Landesverband Niedersachsen-Bremen
Herrenstraße 14
30159 Hannover
05 11/1 21 06-0

Landesverband der Mietvereine in
Nordrhein-Westfalen e.V.
Luisenstraße 12
44137 Dortmund
02 31/14 92 60

Rheinischer Mieterverband e.V.
Mühlenbach 49
50676 Köln
02 21/24 61 18

Landesverband Rheinland-Pfalz
Walramsneustraße 8
54290 Trier
06 51/7 31 54

Landesverband Saarland
Karl-Marx-Straße 1
66111 Saarbrücken
06 81/3 21 48

Landesverband Sächsischer Mietervereine e.V.
Dresdner Straße 36
09130 Chemnitz
03 71/4 02 40 02

Landesverband
Sachsen-Anhalt e.V.
Steinweg 5
06110 Halle
03 45/2 02 14 67

Landesverband Schleswig-Holstein e.V
Eggestedtstraße 1
24103 Kiel
04 31/97 91 90

Landesverband Thüringen e.V.
Bebelstraße 18
99086 Erfurt
03 61/6 43 88 65

3. Haus- und Grundbesitzervereine

Die Haus- und Grundbesitzervereine bieten **ihren Mitgliedern** Beratungshilfe und Unterstützung in allen **das Grundeigentum betreffenden Rechts-, Steuer- und Wirtschaftsfragen**. Die Haus- und Grundbesitzervereine sind nach Landesverbänden organisiert.

Anschrift

Information über den örtlich zuständigen Verein erhält man beim Zentralverband der Deutschen Hauseigentümer e.V., Cecilienallee 45, 40474 Düsseldorf.

4. Schlichtungsstellen für Mietstreitigkeiten

In 6 Städten, nämlich Berlin, Dachau, Düsseldorf, Frankfurt/Main, Hamburg und Saarbrücken gibt es **Schlichtungsstellen** für Mietstreitigkeiten. Diese Schlichtungsstellen können von **Vermietern** und **Mietern** bei Mietstreitigkeiten angerufen werden. **Voraussetzung** hierzu ist, daß **beide Parteien** damit **einverstanden** sind.

5. Anwaltliche Hilfe

Seit jeher gehören zu dem Haupttätigkeitsfeld der Rechtsanwälte die rechtliche Beratung und die Vertretung in einem Prozeß. Die möglichen Kosten sollten einen nicht davon abhalten, einen Anwalt aufzusuchen.

Beratungshilfe

Guter Rat muß nicht teuer sein. Für seine erste Beratung darf der Rechtsanwalt nach § 20 BRAGO höchstens **350,– DM** verlangen. Bürgern mit geringem Einkommen wird zudem eine **Beratungshilfe** bzw. eine **Prozeßkostenhilfe** gewährt. Nach dem Beratungshilfegesetz können sich einkommensschwache Bürger von einem Rechtsanwalt ihrer Wahl gegen eine Beratungsgebühr von **20,– DM** beraten lassen. Auch **ausländische Mitbürger** können diese Beratungshilfe in Anspruch nehmen.

In den Bundesländern Bremen und Hamburg kann das Beratungshilfegesetz nicht in Anspruch genommen werden. Bremen gewährt seinen Bürgern kostenlose öffentliche Rechtsberatung. In Hamburg steht Ratsuchenden eine öffentliche Rechtsauskunfts- und Vergleichsstelle zur Verfügung:

Anschrift Öffentliche Rechtsauskunft- u. Vergleichsstelle der Freien und Hansestadt Hamburg, Holstenwall 6, 20355 Hamburg, Tel.: 0 40–34 97-30 72.

Rechtsanwaltskammern

Kennt der Ratsuchende keinen Anwalt, so kann er die jeweils zuständigen **Rechtsanwaltskammern** nach Adressen anfragen:

Bundesrechtsanwaltskammer
Joachimstraße 1, 53113 Bonn, 02 28/22 30 05/6/7

Einzelne Rechtsanwaltskammern (nach Postleitzahlen geordnet):

Bärensteinerstraße 16–18
01277 Dresden
03 51/31 85 90

Heerstraße 2
14052 Berlin
0 30/3 06 93 10

Bornhövedstraße 12
19055 Schwerin
03 85/5 57 43 85

Bleichenbrücke 9
20354 Hamburg
0 40/34 53 98

Gottorfstraße 13
24837 Schleswig
0 46 21/3 30 15/6

Staugraben 5
26122 Oldenburg
04 41/2 75 65/6

Knochenhauerstraße 36/37
28195 Bremen
04 21/1 51 30

Bahnhofstraße 5
29221 Celle
0 51 41/92 82-0

Karthäuser Straße 5 a
34117 Kassel
05 61/1 20 21

Bruchtorwall 12
38100 Braunschweig
05 31/4 52 31

Lübecker Straße 21 A
39124 Magdeburg
03 91/2 52 72-10

Schreibenstraße 17
40479 Düsseldorf
02 11/4 95 02-0

Riehler Straße 30
50668 Köln
02 21/97 30 10-0

Rheinstraße 24
56068 Koblenz
02 61/1 22 07

Ostring 15
59065 Hamm
0 23 81/2 80 76/7

Bockenheimer Anlage 36
60322 Frankfurt am Main
0 69/17 00 98-01

Am Schloßberg 5
66119 Saarbrücken
06 81/58 20 48

Landauer Str. 17
66482 Zweibrücken
0 63 32/7 62 51

Werastr. 23
70182 Stuttgart
07 11/24 64 66

Pfrondorfer Straße 2
72074 Tübingen
0 70 71/8 41 94

Reinhold-Frank-Straße 72
76133 Karlsruhe
07 21/2 53 40

Herrenstraße 45 a (BGH)
76133 Karlsruhe
07 21/2 26 56

Gartenstraße 21
79098 Freiburg i. Br.
07 61/3 25 63

Landwehrstr. 61
80336 München
0 89/53 29 44-0

Fürther Straße 115
90429 Nürnberg
09 11/9 26 33-0

Friedrichstraße 7
96047 Bamberg
09 51/98 62 00

Bahnhofstraße 27
99084 Erfurt
03 61/5 66 85 26

Anwalt-Suchservice

Der Anwalt-Suchservice bietet eine weitere Möglichkeit, den geeigneten Anwalt zu finden:

Via Internet: http://www.anwaltssuche.de/

Über komfortable Menüs lassen sich per Computer im Internet beim Kölner Anwalt-Suchservice Spezialisten finden.

Die Suche ist **kostenlos**. Das Institut finanziert sich über Beiträge der Rechtsanwälte, die ihre Aufnahme in den Suchservice bezahlen.

Per Tel. 01 80-5 25 45 55

Auch per Telefon kann nach den **Spezialisten** gefragt werden. Unter der genannten Rufnummer werden vom Anwalt-Suchservice **bis zu drei Rechtsanwälte** in der näheren Umgebung des Anrufers genannt, die sich auf bestimmte Rechtsgebiete (max. 5 je Anwalt) spezialisiert haben. Der Anrufer muß lediglich die **Telefonkosten** tragen.

Die **Nennung der Spezial- bzw. Interessengebiete** erfolgt aufgrund einer **Selbsteinschätzung** der einzelnen Rechtsanwälte, die vom Anwalt-Suchservice nicht überprüft oder getestet wird. Eine Garantie dafür, daß es sich bei den genannten Rechtsanwälten tatsächlich um Spezialisten der entsprechenden Rechtsmaterie handelt, kann deshalb vom Anwalt-Suchservice auch nicht übernommen werden.

V. Übersicht aller Musterbriefe

Stichwortregister